나는 예술로 경영을 배운다

나는 예술로 경영을 배운다

초판 1쇄 인쇄일 2020년 11월 2일
초판 1쇄 발행일 2020년 11월 9일

지은이 심영환
펴낸이 양옥매
디자인 임흥순
교 정 조준경

펴낸곳 도서출판 책과나무
출판등록 제2012-000376
주소 서울특별시 마포구 방울내로 79 이노빌딩 302호
대표전화 02.372.1537 **팩스** 02.372.1538
이메일 booknamu2007@naver.com
홈페이지 www.booknamu.com
ISBN 979-11-5776-952-0(03320)

이 도서의 국립중앙도서관 출판시도서목록(CIP)은 서지정보유통지원 시스템
홈페이지(http://seoji.nl.go.kr)와 국가자료공동목록시스템
(http://www.nl.go.kr/kolisnet)에서 이용하실 수 있습니다.
(CIP제어번호 : CIP2020045987)

나는 예술로
경영을 배운다

심영환 지음

예술 한 잔에 담긴 달콤한 경영 이야기

책나무

어른이 된 뒤에도 서점에 가면 종종 그림책 코너를 찾곤 합니다. 인생을 함의적이면서도 명료하게 톺아볼 수 있기 때문입니다.

제가 참 좋아하는 『프레드릭』이라는 그림책이 있습니다. 대략적인 이야기는 이렇습니다. 모든 쥐들이 겨울을 나기 위해 열심히 열매와 짚을 모으는 동안 프레드릭은 아무것도 하지 않고 노는 것처럼 보입니다. 사실, 프레드릭은 햇살과 색깔을 모으고 있었는데 말입니다. 곧 겨울이 되고 모든 들쥐들은 그동안 비축해 둔 식량으로 하루하루를 견디며 따스한 봄날을 기다렸습니다. 그러나 겨울의 끝자락이 다가오자 식량이 떨어졌고 배고픔은 점점 커졌습니다. 이때 프레드릭이 자신이 모아 둔 햇살과 색깔 이야기를 나머지 들쥐들에게 들려주었습니다. 덕분에 들쥐들은 프레드릭의 이야기에 감동을 받으며 남은 겨울을 따뜻하게 보낼 수 있었다는 내용입니다.

여기에는 두 가지 의미가 담겨 있습니다. 첫째는 자신만의 개성을 살려 독특한 길을 찾고 이를 통해 동료들을 행복하게 해 주는 프레드릭의 관점이고, 둘째는 예술을 이해하고 즐길 줄 아는 행복한 들쥐의 관점입니다. 어찌 보면 『프레드릭』은 필자가 예술과 경영 활동을 연계하여 책을 쓰게 된 동기이기도 합니다. 예술이란 인간의 물질적 생산과 소비 활동 한편에 자리 잡고 있는 공허함을 위로해 주고 인간을 보다 아름답게 만들어 주는 일종의 정화 장치입니다.

우리 모두가 예술가가 될 수는 없지만 『프레드릭』 속 쥐들처럼 예술을 진정으로 이해하고 즐길 줄 안다면 세상은 한결 더 나아질 것입니다. 예술을 이해한다는 것은 그저 작가의 이름과 작품명을 안다는 지식의 자랑 차원은 결코 아닙니다. 작품을 즐기고, 작품 속 숨은 이야기로부터 작가의 고뇌를 느끼고, 작품과 나의 감정을 교환하는 것입니다. 예술을 머리가 아닌 가슴으로 만나고 이해할 때 우리가 사는 세상이 조금은 더 나아지지 않을까요?

올해는 팬데믹으로 참 어려운 시기입니다. 특히 예술계는 온갖 공연이 취소되며 더욱 큰 어려움을 겪고 있습니다. 역설적으로 14세기에 발생한 유럽의 흑사병은 이전의 신 중심 세계관에서 인간 중심의 세계관과 과학의 발달을 가져온 르네상스의 원동력이 되었습니다. 흑사병 기간동안 뉴턴은 외출을 못 하게 되자 집콕을 하며 미적분을 발명 하였으며, 보카치오는 중세 유럽판 아라비안 나이트라 불리는 『데카메론』을 지었습니다. 역사의 교훈을 통해 이번 기회에 예술을 가슴으로 만나 보는 것도 현명한 방법일 것 같습니다.

이 책은 건축, 미술, 음악, 영화, 오페라, 뮤지컬, 무용 등 인간의 감각을 자극하는 예술의 모든 영역과 각 영역에서 과거와 현대를 오가는 시공간적 주제들을 통해 기업 경영의 인사이트를 도출하는 한편, 일상에서 삶의 지혜를 찾고자 노력했습니다. 따라서 독자들은 예술에 대한 이해는 물론, 기업 경영과 삶의 통점(Pain-points)으로부터 벗어날 수 있는 고민의 단서를 찾을 수 있습니다. 삶의 인사이트는 단지 많은 지식과 경험을 가지고 있다고 해서 얻을 수 있는 것은 아닙니다. 그것은 현상과 원인에 대한 분석, 다양한 관점의 축적된 고민을 통해서 얻을 수 있기 때문입니다.

피카소의 일화입니다. 초상화를 의뢰받은 피카소가 5분만에 초상화를 완성하자, 그 의뢰인은 시간에 비해 가격이 너무 비싸다고 가격을 흥정했습니다. 그러자 피카소는 대답했습니다. "저는 5분만에 그림을 그리기 위해 그동안 수십 년을 고민하고 투자했습니다." 겉으로 보이지 않는 축적된 고민의 결과! 그것이 예술이자, 우리가 예술로부터 얻을 수 있는 삶의 인사이트입니다.

끝으로 사랑하는 아들, 민준이가 예술과 친숙해지고 그 본질을 이해함으로써 시대를 헤쳐 갈 혜안과 뱃뉘를 얻길 바라며 책이 나오기까지 애써 주신 출판사에 감사의 뜻을 전합니다.

미술을 듣고, 음악을 보며, 예술과 놀고 싶은
2020년 어느 날, 심영환

차
례

Part 01.

/

시각을 지배하는 자

------------------------------------^ 미술 편

반 고흐의 죽음 속
미스터리를 파헤쳐라!
: 인터뷰 기법

생전엔 캔버스의 양면을 활용해 그림을 그릴 정도로 궁핍한 생활을, 사후엔 엄청난 영예를 누린 반전의 화가를 꼽으라면 단연 고흐일 것입니다. 고흐는 교사, 선교사, 그림 판매상 등의 직업을 거쳐 28살에야 화가의 길을 걷기 시작했습니다. 9년의 그림 활동 중 고흐가 남긴 작품이 무려 879점이지만 생전에 팔린 작품은 딱 하나 〈아를의 붉은 포도밭〉(1888년)뿐입니다.

사실, 우리가 그동안 알고 있는 고흐에 대한 많은 이야기는 고흐가 동생 테오에게 보낸 668통의 편지가 잘 보관되었기 때문에 밝혀진 것입니다. 테오는 고흐에게 있어 그냥 동생이 아니라 경제적·정신적 구원자였으며 테오 또한 고흐의 고뇌를 함께한 삶의 동반자였습니다. 실제로 테오는 고흐가 죽자 6개월 후 세상을 떠났습니다.

몇 해 전, 영화 〈러빙 빈센트(Loving Vincent)〉를 본 적이 있습니다.

영화 〈러빙 빈센트〉의 한 장면

그리고 영화의 여운이 못내 아쉬워 서울의 한 아트 센터에서 개최한 〈러빙 빈센트〉 전시회(영화 제작 과정과 고흐의 생애 전시)를 다녀왔습니다. 이 영화가 놀라운 점은 9년의 제작 기간 동안 전 세계의 화가들(125명)이 고흐의 화풍을 재현(65,000여 점) 하여 만든 세계 최초의 유화 애니메이션이라는 것입니다.

〈러빙 빈센트〉는 고흐의 죽음에 얽힌 미스터리를 다룬 영화로서 고흐의 친구인 조셉 룰랭(우체부)의 아들 아르망 룰랭이 고흐가 죽기 전 남긴 편지를 동생에게 전하기 위한 여정과 그 과정에서 고흐의 죽음에 의문을 갖는 이야기입니다. 영화에는 아르망 룰랭의 인터뷰 장면이 유독 많이 나옵니다.

마케팅에서 고객 인사이트를 얻는 방법으로 정량적 조사(Quantitative

Research)와 정성적 조사(Qualitative Research)가 있습니다. 전자는 다수를 대상으로 통계적 유의미성을 발견하는 설문 조사 기법이며, 후자는 심층 인터뷰(In-depth Interview), 관찰, 실험, 체험, FMRI(Functional Magnetic Resonance Imaging)를 통해 문제의 현상과 원인을 파악하는 기법입니다. 이 중에서 최소의 비용과 시간으로 의미 있는 결과를 도출하는 데 유용한 방법이 바로 인터뷰 기법입니다.

마케팅에서 인터뷰가 중요한 이유는 그것이 문제 정의와 분석의 시발점이기 때문입니다. 인터뷰 기법은 설문 조사 같은 정량적 조사에 비해, 응답자의 자유로운 생각과 경험으로부터 심층적인 이야기를 도출할 수 있을 뿐 아니라 감정과 표정 등 비언어적인 반응으로부터 숨겨진 니즈를 파악할 수 있다는 장점이 있습니다. 때로는 응답자의 미묘한 감정 변화가 문제 해결의 중요한 단서가 되기도 합니다.

자~ 그럼 아르망 룰랭의 발자취를 쫓아가며 인터뷰 기법에 대한 이야기를 나누어 보겠습니다.

아르망 룰랭은 고흐가 총상으로 죽은 마을(오베르쉬아즈)에서 여러 인물들을 만나며 그들이 바라본 고흐의 마지막 삶과 죽음을 소환했습니다. 고흐의 삶 속 실존 인물들과의 인터뷰를 통해 고흐가 죽기 전 상황과 죽음 속 숨겨진 비밀을 파헤쳐 나간 것입니다. 그가 처음 만난 사람은 아들린 라부(고흐가 묵었던 숙소 주인의 딸)입니다. 그는 아들린 라부와의 인터뷰를 통해 고흐의 죽음과 관련이 있거나 고흐가 주로 만났던 인물들을 파악하게 됩니다. 그리고 각 인물들이 고흐와 어떤 관계를 형성하고 있었는지 대략적인 얼개를 그릴 수 있었습니다. 외지인인 아르망 룰랭이 사건의 이해관계자(Stakeholder)들을 단번에 파악할 수 있었던 것은 고흐와 마을에 대해 누구보다 잘 아는 그녀의 도움 없이는 불가능했습니다.

사실, 마케팅에서도 인터뷰 진행 전 가장 먼저 해야 할 일이 다양한 이해관계자들 중 인터뷰 대상자들을 선정하는 것입니다. 특히 특정 분야의 전문가에 대한 인터뷰를 델파이 인터뷰(Delphi-Interview)라고 부르는데 인터뷰 대상자는 해당 주제에 조예가 깊은 자로서, 해당 상품이나 서비스에 대한 혁신 수용자(Innovator) / 초기 수용자(Early Adopter) / 다사용자(Heavy User) / 학계 및 업계 전문가 / 파워 블로거(Power Blogger) 등 오피니언 리더(Opinion Leader)들이 해당됩니다. 아르망 룰랭이 아들린 라부를 통해 고흐의 이해관계자들을 머릿속에 대략 그렸듯이 현상이나 사건을 둘러싼 인물들 간의 관계도를 이해관계자 맵(Stakeholder Map)이라고 합니다. 탐정 영화 속 수사관이 화이트 보드에 인물 관계도를 그리는 것도 같은 이치입니다.

그런데 아르망 룰랭은 처음 만난 아들린 라부에게 어떻게 중요한 정보를 얻을 수 있었을까요? 그는 그녀에게 당시 사건에 대해 물어보기 전 다음과 같은 말을 건넵니다. "드레스가 참 이쁘네요. 여주인에게 딱 어울리는 옷입니다." 이에 그녀는 몹시 기쁜 표정을 지었을 뿐아니라 커피 대접까지 합니다. 초면이지만 단번에 호의적인 분위기를 만들었고 자연스럽게 고흐의 총상 전후 상황과 주변 인물들에 대

Stakeholder Map: 러빙 빈센트 전시관에서

해 일목요연하게 설명 들을 수 있었습니다. 마케팅 조사의 인터뷰 활동도 마찬가지입니다. 인터뷰 대상자들에게 진솔하고 열린 답변을 듣기 위해서는 사무적인 본론으로 바로 들어가기보다 일종의 아이스브레이킹(ice-breaking)이 필요합니다.

다음으로 그가 만난 인물은 뱃사공입니다. 뱃사공으로부터 고흐와 가셰 박사의 딸인 마그리트가 함께 배를 타러 왔던 사실을 알게 됩니다. 이것은 그가 나중에 마그리트와 대화를 나눌 때 중요한 지렛대 역할을 합니다. 마케팅에서도 인터뷰 대상자가 어떤 문제를 해결하는 데 직접적인 도움이 되지는 않지만 그 문제를 해결할 수 있는 적임자 또는 단서를 연결해 주는 매개체 역할을 할 때가 있습니다. 뱃사공으로부터 얘기를 들은 아르망 룰랭은 곧 마그리트를 찾아갑니다.

하지만 고흐의 죽음으로 마음이 닫힌 그녀와 대화를 이어 나가는 것은 쉽지 않았습니다. 대화가 단절되려는 순간, 아르망 룰랭은 한 마디 말을 건넵니다. "매일 무덤에 꽃을 가져다 놓는다죠?"라고 말이죠. 인터뷰를 통해 인사이트를 얻기 위해서는 응답자가 하고 싶은 말만 들을 수는 없습니다. 때로는 아르망 룰랭처럼 응답자가 회피하려는 주제를 되살릴 수 있는 불씨를 던질 줄 알아야 합니다. 그리고 그 불씨는 대화의 촉매제(trigger) 역할을 하게 됩니다. 마그리트와의 대화에서 고흐의 죽음이 석연치 않다는 것을 직감한 아르망 룰랭은 부검의 마제리 박사를 만나 고흐의 사망 원인에 대한 소견을 듣습니다. 그리고 자살이 아닐 수 있다는 심증을 뒷받침할 만한 근거들을 발견하게 됩니다. 마케팅에서도 조사자는 문제를 정의하고 이를 해결하기 위해 가설을 수립합니다. 그리고 다양한 이해관계자들과의 심층 인터뷰를 통해 그 가설을 증명하려고 노력합니다.

아르망 룰랭은 마제리 박사에게서 단서를 얻은 후, 동네 불량배들과 직접 맞닥뜨려 마치 고흐로 감정이입이라도 한 양, 한바탕 소동을 벌이기도 하고 친구이자 주치의 가셰 박사를 만나 그의 가설을 더욱 공고히 뒷받침할 만한 확신을 갖게 됩니다. 그는 마치 인터뷰 기법을 사전에 숙지한 마케터처럼 대화를 나눈 사람들로부터 사망 원인에 대한 실마리를 차곡차곡 얻어 나갔습니다(영화에서 사건을 풀어 가는 인물로 아르망 룰랭을 캐스팅한 것은 실제 그의 경찰관 이력 때문은 아니었을까요?). 영화의 결말 부분에 이르러 아르망 룰랭은 그동안 여러 인물들과의 심도 있는 인터뷰를 통해 고흐의 죽음이 단순 자살이 아니라는 것을 깨닫습니다. 그리고 사고사에 대한 개연성을 암시합니다. 그 근거는 다음과 같습니다.

첫째, 총상의 각도와 총알의 관통 정도가 자살 정황에 맞지 않습니다. 일반적으로 자살을 시도한 사람들은 총알이 급소를 단번에 관통하는데 고흐의 경우 총알이 빗겨 나가는 바람에 다음 날까지 고통스러워하다 죽음을 맞이했습니다. 더군다나 자살을 시도한 사람이 총상을 입고 다시 숙소로 돌아온 것은 이해하기 힘든 대목입니다.

둘째, 평소 편지 쓰기를 좋아하고 메모광이었던 고흐가 자살 전에 유서나 그 어떠한 글도 남기지 않았다는 점입니다. 심지어 동생 테오에게조차도(선교사 활동 시절부터 고흐는 종교적 이유로 자살을 죄악시하였음).

셋째, 당시 고흐는 전시회를 한창 준비 중일 만큼 의욕이 넘쳤습니다. 총상도 그림을 그리러 나간 후 발생한 일이었습니다.

넷째, 마을의 불량배 무리들이 종종 고흐를 괴롭혔습니다. 그리고 그들 중 한 명이 총을 가지고 다녔던 사실이 밝혀졌습니다(고흐를 연구한 일부 학자들의 유력한 가설: 이들에 의한 총기 사고와 병을 앓고 있던 동생에게 경제적 부담을 주는 것에 대한 죄책감으로 치료 거부).

다섯째, 한참 후에야 발견된 권총이 고흐의 것인지 확인되지 않았습니다.

즉 자살의 원인을 설명해 줄 동기와 도구, 그 어느 것 하나 자살임을 가리키기에는 설득력이 약합니다.

지금까지 영화 속 아르망 룰랭의 여정과 마케팅의 인터뷰를 연결 지어 보았습니다. 이제 이를 토대로 체계적인 인터뷰 절차에 대해 좀 더 톺아보도록 하겠습니다.

첫째, 인터뷰의 목표를 명확하게 설정해야 합니다. 왜 인터뷰를 하는 것이고 인터뷰를 통해 어떤 것을 얻고자 하는지 말이죠. 사실 아르망 룰랭은 탕기 노인(화구상이자 고흐의 후원자)에게서 고흐가 도대체 왜 자살했는지 이해가 안 된다는 얘기를 듣게 됩니다. 그는 탕기 노인의 이야기로부터 고흐의 자살 동기를 향후 여정의 목표로 삼은 것입니다.

둘째, 목표에 맞는 최적의 인터뷰 대상자를 선정해야 합니다. 시장조사란 것이 늘 시간과 비용의 제약이 있기 때문에 핵심 이해관계자 중 인사이트 도출에 꼭 필요한 대상자를 잘 선정해야 합니다. 아르망 룰랭이 만났던 인물들이 모두 고흐의 죽음을 설명해 줄 수 있는 단서를 가지고 있었듯이 말이죠.

셋째, 사전 조사를 통해 대략적인 질의서를 작성하고 질문의 시나리오를 익혀야 합니다. 그렇다고 설문 기법의 질의서처럼 완전히 구조화할 필요는 없습니다. 오히려 구조화된 질의서는 응답자의 답변을 확장할 수 있는 연결성을 떨어뜨립니다. 인터뷰 진행자는 머릿속에 예상 시나리오를 가지고 있되, 질의서에 얽매이지 않고 응답자의 답변 상황에 따라 유연하게 대처할 수 있어야 하는 것입니다. 아르망 룰랭도 고흐의 사망 원인을 밝히기 위한 질문의 얼개를 활용하되, 순간순간 응답자의 답변에 순발력을 발휘했습니다.

넷째, 앞의 세 가지 사항을 준비한 상태에서 인터뷰를 진행합니다. 인터뷰 진행 시에는 응답자의 양해를 구하고 필기 도구와 녹음기를 준비합니다. 요즘은 스마트폰의 녹음 기능으로 별도의 녹음기가 필요 없지만 실제 녹음 가능 여부에 대한 응답자의 동의를 구하는 것이 바람직하며, 그것이 허용되지 않을 경우 답변을 기록할 수 있는 보조 진행자가 필요합니다. 주 진행자가 직접 기록할 경우 인터뷰에 집중하지 못해 중요한 언어적·비언어적 단서들을 놓치기 때문입니다. 인터뷰 진행 시 중요한 것은 응답자로 하여금 문제에 대한 공감대를 형성하게 한 후 그 문제를 해결하기 위한 그만의 솔루션(Blue sky)을 들어 보는 것입니다. 어떠한 제약도 없다는 가정하에 아주 희망적인 바람을 들어 보는 것이죠. 그래야 숨겨진 니즈나 그동안 간과했던 인사이트를 도출할 수 있습니다.

부검의인 마제리 박사 역시 고흐가 자살했다는 지금까지의 결론에 의문을 제기하며 그가 본 것에 대한 생각을 자유롭게 발산했습니다. 그리고 그것은 아르망 룰랭의 질문이 자살이라는 단정적 표현과 주관성을 배제했기 때문에 가능했습니다. 가끔 유명 인사와 인터뷰를 진행하는 TV 프로그램을 보면 인터뷰 진행자가 상대방에게 원하는 답변을 유도하여 시청자의 눈살을 찌푸리게 만들곤 하는데 이는 인터뷰 진행자의 객관적 시각이 결여되었기 때문입니다.

좋은 질문과 나쁜 질문은 따로 있다!

- 피조사자가 자유롭게 말할 수 있도록 결말이 열린(open-ended) 질문 지향
  예) 오늘 학교 생활은 좋았어?(X) ▶ 오늘 학교 생활은 어땠니?(O)
- 한 번에 한 가지 질문만~(이중 질문은 응답자로 하여금 가치 판단의 고민을 하게 만듦)

  예) 이 장난감은 재미있고 교육적인가요?(X) ▶ 이 장난감은 교육적인가요? (O)
- 답변을 잘 듣고 연관된 꼬.꼬.무. 질의(꼬리에 꼬리를 무는 질문을 통해 근본적인 원인을 찾으려는 노력) ▶ 계획된 질문지에 연연하지 않고 인터뷰 과정에서 피응답자의 답변에 따라 자유롭게 질의할 수 있는 유연성 필요 ▶ 답변에 대해 그것이 왜 그런 것인지 근본적 이유를 찾으려는 질문의 연속(3Why 법칙)
- 조사자가 원하는 답변을 말하도록 은연중에 유도하거나 압박하지 않도록 할 것
  예) 이러한 현상에 대해 대부분의 전문가들은 ~라고 주장하는데 당신의 생각은 어떤가요?(X) ▶ 당신은 이러한 현상에 대해 어떻게 생각하나요? (O)
- 응답자의 답변을 수정해 주거나 부정하지 말 것: 리서치에서 가장 중요한 것은 피조사자의 의견
  예) 그러한 당신의 주장은 ~ 점에서 잘못되었다고 생각합니다. (X)
  굳이 인터뷰 진행자의 의견을 말해야 한다면, 그러한 당신의 주장은 ~점에서는 이해할 수 있습니다. (O)
- 물건이나 사람을 지칭할 때 대명사를 쓰지 말고 꼭 이름을 사용 ▶ '그'나 '그것'과 같은 대명사는 종종 인터뷰 진행자와 응답자 간의 동상이몽을 초래

영화 속 아르망 룰랭의 인터뷰는 우리에게 두 가지 여운을 남깁니다. 고흐의 죽음에 대한 의문과 삶에 대한 공감입니다. 전자의 경우, 그동안 고흐의 죽음이 자살로 알려진 것과 달리 미필적 고의에 의한

사고사일 수 있다는 생각을 갖게 만듭니다. 마케팅에서도 심층 인터뷰를 통해 사실(Fact), 더 정확히 말하자면 지금까지 사실로 받아들여졌거나 인식되었던 내용을 뒤집고 새로운 가설을 수립하듯이 말이죠. 후자의 경우, 고흐의 죽음에 대해 궁금해하는 만큼 그의 삶에 대해선 얼마나 알고 있는지 일깨워 줍니다.

독일의 대문호 괴테는 색채가 빛의 고통이라고 말했습니다. 이 세상 모든 색깔이 당연한 것 같지만 사실은 그 빛이 남모를 고통을 안고 있다는 것입니다. 고흐의 색채를 세상이 인정하기까지 그는 얼마나 남모를 고통을 받았을까요? 우리가 아르망 룰랭의 인터뷰를 통해서 고흐의 남모를 고통과 색채를 느꼈듯이, 저마다의 인생도 고통의 색채를 가지고 있습니다.

이처럼 인터뷰는 비단 마케팅 조사 활동이나 영화 속 사건을 파헤치기 위해서만 사용되는 것은 아닙니다. 일상에서 누군가와의 소소한 대화 역시 포괄적 의미의 인터뷰이기 때문입니다. 우리는 매일 인터뷰 진행자가 되기도 하고 인터뷰 대상자가 되기도 합니다. 그 과정에서 상대방의 색채에 공감하고 자신의 색채를 위로받습니다. 하지만 잘못된 방식의 대화는 공감과 위로 대신 갈등과 상처만을 남깁니다. 마케팅에서 올바른 인터뷰를 통해 고객 인사이트를 도출하듯이 일상에서는 올바른 대화를 통해 서로의 마음을 어루만져 줄 수 있습니다. 그것이 바로 마케팅의 인터뷰가 우리의 일상에 부여하는 작지만 소중한 의미일 것입니다.

고흐의 그림엔 왜 노란색이 많을까?

고흐의 〈해바라기〉

고흐의 초기 그림(대표작: 〈감자 먹는 사람들〉)들은 사실주의 경향을 따라 어두운 색채가 강했습니다. 그 이유는 고흐가 가장 존경했던 화가인 장 프랑수아 밀레의 영향을 받았기 때문입니다. 밀레는 농부의 화가라 불릴 정도로 노동의 정직함과 숭고함을 사실적으로 그렸습니다.

하지만 프랑스에서 인상주의가 대세가 되자 고흐의 그림도 점차 밝아지기 시작했습니다.

고흐는 특히 노란색을 많이 사용했는데 그 이유로 알코올 중독에 따른 부작용이란 주장이 있습니다. 당시 파리에서 가장 유행하던 술인 압생트는 와인 소비량을 능가할 정도로 수요가 많았고 한때 마약류로 취급되어 금지령이 내려지기까지 했습니다. 압생트는 파리의 화가들이라면 누구나 그것을 들고 있는 인물화를 그렸을 정도로 화가들의 최애술이었던 것입니다. 의학적으로 압생트의 주원료인 아니스는 물체가 황색으로 보이는 황시증을 유발했는데, 실제 고흐가 알코올 중독에 빠졌던 아를 지역에서 그린 작품들은 유난히 노란색이 많은 것을 알 수 있습니다. 한편 고흐가 영원한 생명과 태양을 상징하기 위해 의도적으로 압생트의 부작용을 이용해 노란색을 더욱 풍부하게 만들었다는 얘기도 전해집니다.

모든 걸 걸고 사랑하라. 그 누구도 너에게 그것이 아니라고 말 못 하게.

– 빈센트 반 고흐

블라인드 테스트로
스타가 된 아티스트

그라피티(graffiti)란 스프레이 페인트를 이용해 공공 장소의 벽에 그림이나 글을 표시하는 행위를 말합니다. 그 기원은 미국의 갱스터들이 영역을 표시하기 위한 메시지를 벽에 남기는 것에서 유래되었습니다. 오늘날 그라피티는 대체로 예술로 인정받는 분위기이지만, 1980년대까지만 해도 남의 재산을 훼손하는 범죄로 인식되거나 지하철 벽면에 그려진 낙서로 인해 사회적 문제로 인식되었습니다.

이렇듯 길거리 태생의 그라피티가 고급스런 미술관에서 전시되는 것에 대하여 저급하다는 주장도 있으나, 예술을 고급과 저급으로 나눈다는 것 자체가 시대착오적 발상이며, 다다이즘이나 행위예술이 만연한 현대 예술의 관점에서도 부합하지 않습니다. 오히려 그러한 주장 자체가 저급한 것이 아닐까 합니다. 일례로 영화는 한때 동네 어귀에서 상영하던 그저 볼거리 정도로 취급받았고, 만화는 예술의 기법만 빌린 싸구려로 인식되던 적이 있었습니다.

그라피티가 대중적 예술로 인정받기까지 큰 영향을 미친 인물이 있었으니 그가 바로 뱅크시(Banksy, 가명)입니다. 그는 거리를 더럽힌다는 명목으로 몇 차례 체포당하면서 짧은 시간에 완성도 높은 그라피티를 고민하던 중 스탠실 그라피티(stencil graffiti)를 고안해 냈습니다. 스탠실이란 종이에 그림을 미리 그려 구멍을 낸 후 그 위에 스프레이를 뿌려 완성하는 기법입니다. 특히, 스스로를 예술 테러리스트라 부를 정도로 사회 문제를 위트 있게 담아내는 그의 작품은 차츰 인기를 얻게 되었습니다. 그러던 중 그를 일약 유명인으로 만든 사건이 있었습니다. 일종의 블라인드 테스트입니다.

2005년, 그는 영국의 대영박물관, 미국의 자연사 박물관과 메트로폴리탄미술관에 들어가 자신의 작품을 몰래 놓고 나왔습니다. 특히 대영 박물관에 쇼핑 카트를 밀고 있는 원시인이 그려진 돌을 놓아 두었는데, 며칠이 지나도록 여기에 이러한 돌멩이가 있는 것을 이상하게 여긴 사람들은 없었습니다. 심지어 박물관 관리자들까지도.

뱅크시는 이런 행위를 통해 특정 예술가의 유명세에 편승하고 있는 오늘날의 미술계를 우회적으로 비판하고자 한 것입니다. 나중에 모든 전말이 밝혀지자 뱅크시는 크게 유명해졌고, 그의 기존 작품들도 예술적 가치를 인정받게 되었습니다. 심지어 그가 남긴 그라피티 주변의 건물은 가격이 폭등했으며 유명 관광지가 되었습니다. 그러자 뱅크시는 유명세를 비판하기 위한 자신의 실험이 오히려 자신을 유명

2005년 뱅크시가 대영박물관에 몰래 전시한 작품

하게 만든 역설적인 상황을 비판하는 실험을 수행했습니다. 2013년 미국 뉴욕 센트럴파크 길거리에서 자신의 그림을 한 점당 약 60달러의 가격에 블라인드로 판매했습니다. 이 작품이 뱅크시의 것인지 몰랐던 행인들이 겨우 7점을 샀고 후에 그것들이 뱅크시의 작품으로 알려지자 구입자들은 한 점당 3만 달러 이상을 받을 수 있게 되었습니다. 횡재를 한 것이죠.

그의 실험은 여기서 그치지 않았습니다. 디즈멀랜드(Dismal Land, 2015년)라는 세상에서 가장 우울한 놀이공원을 만들어 5주 동안 개장하였습니다. 그는 우리에게 익숙한 디즈니랜드를 끔찍하게 변형시켰습니다. 다 무너져 가는 으스스한 성이 등장하고 사고로 뒤집힌 호박 마차에서 튕겨 나온 신데렐라가 피를 흘리고 있으며(다이애나 공주의 교통사고를 풍자) 신밧드의 모험에 나오는 보트에는 난민들이 타고 있습니다. 기획 당시 과연 사람들이 돈을 내고 올까 하는 우려와 달리, 늘 만원 사례였으며 수백 배의 암표가 기승을 부리기도 했습니다. 현재는 폐장한 상태이며 디즈멀랜드에 사용했던 자재들은 프랑스의 칼레 난민 수용소에서 활용 중입니다.

또한, 뱅크시는 팔레스타인과 이스라엘 접경 지역인 베들레헴에 Walled Off Hotel(2017년)을 지었습니다. 이 호텔은 호텔 이름에서 알 수 있듯이 사방이 벽에 가로막혀서 하루 일조 시간이 고작 30분 남짓 하며, 뱅크시 자신도 세계 최악의 전망을 자랑하는 호텔이라고 홍보 할 정도입니다.

뱅크시의 음산한 디즈멀랜드   뱅크시의 뒤집힌 호박 마차

사실, 이 호텔을 4미터 거리에서 둘러싸고 있는 것은 팔레스타인과 이스라엘을 분리하는 벽(웨스트 뱅크 장벽)입니다. 이 벽은 8m의 높이에 길이가 무려 730㎞에 달하는데 국제법상 불법이며 팔레스타인들의 시위를 차단하고 이슬람 성지나 가족, 친지를 방문할 수 없게 하는 등 사실상 커다란 감옥 역할을 하고 있습니다. 뱅크시는 호텔을 통해 분쟁과 대립의 역사(발포어 선언: 1차 세계 대전 당시, 팔레스타인을 지배하던 영국이 자국의 이익을 위해 이곳에 유대인 민족 국가 수립을 허용·)에 대한 이야기를 전하고자 했습니다.

Walled Off Hotel

하룻밤에 군 막사를 체험할 수 있는 30달러 방부터 965달러의 스위트 룸까지 마련되어 있으며 뱅크시의 작품은 물론, 수시로 팔레스타인 분쟁 지역 아티스트들의 작품을 선보이는 갤러리가 열립니다. 또한 호텔에 방문한 사람이면 누구나 웨스트 뱅크 장벽에 낙서할 수 있는 도구를 판매하는 그라피티 용품점(일명 Wall Mart)을 운영하고 있습니다. 호텔 운영비를 제외한 수익금은 전액 팔레스타인 지역 주민들을 위해 사용됩니다.

한편, 2018년 뱅크시는 자신의 작품 중 〈풍선을 든 소녀(Girl With Balloon)〉가 소더비 경매에서 약 15억 원에 낙찰되자 미리 설치된 분쇄기를 원격으로 작동시켜 그림을 낙찰 현장에서 분쇄하는 퍼포먼스를 벌이기도 했습니다. 사람들은 이를 두고 '뱅크시당했다(Banksy-ed)'라는 신조어를 만들 정도로 회자된 도발적 사건이었습니다. 이후 뱅크시는 SNS를 통해 "파괴의 욕구는 곧 창조의 욕구"라는 피카소의 말을 남겼고 파쇄기 설치 과정과 예행 연습, 실제 파쇄 장면이 담긴 유튜브 영상을 공개했습니다.

그는 지금도 산타처럼 모두가 잠든 사이에 나타나 반짝이는 위트와 은유, 휴머니즘, 그리고 파격적인 실험을 통해 반전, 반권위주의, 반자본, 반소비주의 등의 메시지를 전하고 있습니다.

파쇄되고 있는 뱅크시의 〈풍선을 든 소녀〉

너들이 진짜를 알아?

모딜리아니 조각품을 찾아서

1984년 모딜리아니 탄생 100주년을 맞은 이탈리아 항구 도시 리보르노의 운하에서 모딜리아니 조각 작품을 찾기 위한 대대적인 수색 작업이 벌어졌습니다(모딜리아니는 화가로 잘 알려졌지만, 28점의 조각 작품들을 남겼으며 조각품의 희소성으로 인해 프랑스 경매에서 한 작품이 한화 약 645억 원에 낙찰되었음). 이러한 운하 수색 이벤트는 모딜리아니의 친구가 그의 조각 작품을 비웃자 그것을 운하에 던졌다는 아주 오래된 소문에서 비롯되었습니다. 그런데 수색 며칠 후 모딜리아니의 화풍과 일치한 사람 얼굴 모양의 조각품 3점이 발견되었습니다. 이에 미술 전문가들은 모딜리아니의 작품이 맞다는 결론을 내렸고 이러한 사실이 알려지면서 많은 관람객들이 찾아왔습니다. 그런데 얼마 후 충격적인 사실이 밝혀졌습니다. 실제, 그 조각품은 인근 지역 학생들이 만들어 일부러 운하에 던진 것이었습니다.

위작 화가, 미술계를 조롱하다

미술품 보존 처리사로 일해 오던 톰 키팅은 자신의 그림을 알리기 위해 수많은 화랑을 찾았으나 유명인의 그림이 아니라는 이유로 홀대만 받았습니다. 이에 그는 미술계를 조롱하기 위해 고흐, 드가, 램브란트, 르누아르 등 약 2천여 점의 위화를 그렸습니다. 그런데 그것들 중 상당수가 유명 화가의 진품으로 인정되어 여러 미술관에서 전시되고 있거나 경매를 통해 천문학적인 가격에 팔렸습니다. 하지만 그 사실이 알려진 후에도 그는 그 어떤 처벌도 받지 않았습니다. 이유는 그가 단순히 그림을 베낀 것이 아니라 위작임을 알 수 있도록 일부러 진품과 다르게 그렸고(그림마다 단서를 남겨 놓음), 위작을 소유하고 있는 어느 누구도 비싼 가격에 구입한 그림이 위작으로 판명되는 것을 원하지 않았기 때문입니다. 이후 그는 화풍을 모방하는 기술을 가르쳐 주는 TV 프로그램까지 진행했습니다.

70억 원짜리 길거리 연주의 결과는?

몇 해 전, 유명 바이올리니스트이자 대학교수인 한 음악가가 거리의 악사처럼 허름한 복장을 한 채, 지하철역에서 70억 원짜리 스트라디바리우스(바이올린 명품 브랜드)를 45분 동안 연주하여 16,900원을 벌었습니다. 이는 세계적 연주자 조슈아 벨이 미국 워싱턴에서 스트라디바리우스를 연주해 고작 32달러를 번 이벤트를 국내에서 재현한 것입니다. 물론 연주를 돈의 가치로 환산하기 애매하지만 만약 행인들이 이 길거리 공연이 세계적 음악가의 수십억 원짜리 악기 연주였다는 것을 알았다면 어떤 결과가 나왔을까요?

기업의 마케팅 활동에도 재밌는 블라인드 테스트(blinded test)가 있습니다. 블라인드 테스트란 고객의 고착화된 선입견을 바꾸기 위한 실험 기법으로 피실험자에게 브랜드를 공개하지 않는 것입니다. 대개의 경우 브랜드 인지도가 상대적으로 열악한 기업들이 선발 사업자 또는 지배적 사업자의 브랜드에 맞서기 위해 블라인드 테스트 캠페인을 벌이며 음료 및 주류 업종에서 자주 활용됩니다.

캘리포니아의 나파 밸리(Napa Valley)는 와인으로 아주 유명한 곳입니다. 이곳에서 처음 와인이 제조된 것은 1769년 프란체스카 수도원으로 거슬러 올라가는데, 본격적인 생산이 시작된 것은 1948년 금광이 발견된 뒤였다고 합니다. 사실, 골드러시로 큰돈을 번 사람은 극히 일부였고, 대다수는 금광 채굴에 실패했습니다. 실패자들은 이 지역이 포도 재배에 좋은 기후임을 알고 와인을 생산하기 시작했습니다. 1976년 이전까지 와인은 프랑스의 전유물로 여겨지고 있었기 때문에 캘리포니아산 와인은 별다른 주목을 받지 못했습니다. 그런데 1976년 5월, '파리 심판의 날'이라고 불리는 역사적인 사건이 벌어졌습니다. 프랑스에서 개최된 세계 와인 평가 대회에서 10명의 저명한 소믈리에들을 초청하여 블라인드 테스트를 한 결과, 놀랍게도 캘리포니아 와인이 모든 프랑스 와인을 제치고 우승을 한 것입니다.

다음은 유명 치약 브랜드 '클로즈업'의 아찔한(?) 캠페인 사례를 소개합니다. 보통 블라인드 테스트하면 피실험자의 눈이나 상표를 가리는 방식인데 클로즈업은 치약의 맛이나 품질로 소구하지 않았습니다. 그럼 무엇으로 고객에게 상품을 소구했을까요? 바로 키스입니다. 이해가 잘 안 된다고요? 다시 말해, 어떤 치약을 사용한 후 키스를 해야 더 감미로운 키스(?)가 될까 하는 관점으로 소구한 것입니다. 그래서 클로즈업 치약과 일반 치약으로 양치를 한 남녀 모델들(피실험자)을 대상으로 키스 지원자를 모집한 후 키스를 하게 합니다. 그리고 어떤 치약을 사용한 모델과의 키스가 더 좋았는지를 말하는 것입니다.

어쩌면 우리는 예술 작품의 참된 의미보다 그것이 좋다고 말하는 남들의 평판에 너무 집착하는 것은 아닐까요? 삶도 마찬가지입니다. 그 사람의 학력, 직업, 외모, 경제력, 가정 환경 등 배경 요소에 너무 좌우되는 것은 아닐까요?

뱅크시의 작품과 의미

영국 웨일스의 남부 철강 도시 포트 탤벗의 담벼락에 그려진 뱅크시의 그림입니다. 철강 노동자의 집 담벼락에 그려진 그림 속에 한 소년이 하늘을 향해 팔을 벌려 흩날리는 눈을 반기고 있습니다. 그러나 코너를 돌면 불이 붙은 통 안에서 뿜어져 나오는 먼지가 보입니다. 소년이 눈처럼 반긴 것은 사실 불에 탄 재였던 거죠. 포트 탤벗은 세계보건기구(WHO)가 '영국에서 가장 오염된 곳'이라고 발표했을 정도로 극심한 공해에 시달리고 있는 곳입니다. 뱅크시는 한없이 서정적으로 보이는 벽화를 통해 이 지역의 심각한 환경 문제를 고발한 것입니다.

또 다른 그림은 브렉시트(Brexit: 영국의 유럽연합 탈퇴)에 반대하는 의미에서 도버항의 한 건물 벽에 EU 깃발의 별 12개 중 1개를 깨는 모습의 그림입니다.

익숙함과 낯섦 사이

냉정과 열정 사이는 어디쯤일까요?

〈냉정과 열정 사이〉는 도시 전체가 유네스코(UNESCO)에 등재된 피렌체를 배경으로 헤어진 연인들의 이야기를 아름답게 그려 낸 영화의 제목입니다. 미술계에도 '익숙함과 낯 사이'의 경계를 오가며 메시지를 전하는 팝 아티스트들이 있습니다. 리히텐슈타인(Roy Lichtenstein), 앤디 워홀(Andy Warhol), 키스 해링(Keith Haring), 케니 샤프(Kenny Scharf)는 이미 익숙한 만화 / 잡지 / 광고 속 대중 문화의 소재들을 살짝 재해석하였습니다. 이를 데페이즈망(Depaysement) 또는 뷰자데(vuja de)라고 부르며, 우리가 늘 마주하던 익숙한 것이 갑자기 낯설게 느껴지는 것을 의미합니다. 늘 먹던 그 음식의 맛이 낯설게 느껴지고, 수없이 반복해서 봤던 영화가 다르게 보이고, 늘 만나던 누군가의 얼굴이 낯설어 보이듯이 말입니다. 우리가 '낯설지만 왠지 어디서 본 것 같은

앤디 워홀의 〈campbell s soup can beef〉

키스 해링의 〈andy mouse〉

케니 샤프의 〈BAX〉

데…'라고 생각하는 데자뷰 현상의 반대입니다. 이들의 작품은 종종 옷이나 물건의 포장지처럼 일상에서 쉽게 마주할 수 있는 모습으로 다가오기도 합니다.

예전에 케니 샤프 전시회에 다녀온 적이 있습니다. 케니 샤프는 우리에게 익숙한 TV(브라운관)의 뒷면에 다소 우스꽝스럽고 강렬한 표정의 사람 얼굴(마치 아프리카 부족의 얼굴을 연상케 함)을 그린 〈BAX〉(backs의 영어식 발음)라는 작품을 만들었습니다. 그는 모두가 TV의 앞면에 주목할 때, TV 뒷면에서 얼굴을 보았고 이를 의인화하고자 했습니다. 물론 오늘날처럼 매끈하고 얇은 TV를 떠올리면 불가능했을지도 모릅니다.

초현실주의 화가 르네 마그리트도 익숙한 것을 예기치 않은 공간에 배치하여 새로운 의미를 부여했습니다. 그의 작품은 잭슨 파이브, 제프 백 등 팝 뮤지션들의 앨범 재킷에 인용되었고 만화 심슨 가족에도 소개되어 더욱 유명해졌습니다.

신상품 기획도 '익숙함과 낯섦' 사이의 절묘한 경계가 필요합니다. 이를 잘 설명해 주는 이론으로 맨들러(Mandler)의 중간불일치 가설(Hypothesis of moderately incongruity: 1985)이란 것이 있습니다. 이 가설은 인간의 정보처리량과 기존 제품의 유사성 관계를 밝혀낸 소비자 행동의

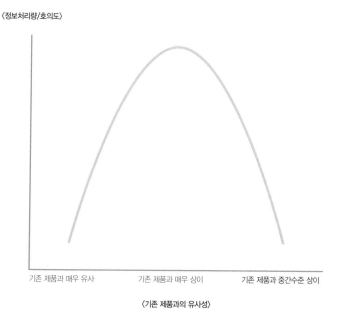

〈정보처리량/호의도〉

기존 제품과 매우 유사   기존 제품과 매우 상이   기존 제품과 중간수준 상이

〈기존 제품과의 유사성〉

중간불일치 가설(Hypothesis of moderately incongruity: Mandler 1985)

스키마(Schema) 분야 연구로서 시사하는 바가 아주 큽니다. 사람의 뇌는 새로운 상품이 기존 제품과 매우 유사하거나 매우 상이한 경우에는 정보 처리량이 줄어들고, 기존 제품과 중간 수준으로 상이하거나 유사한 경우에는 정보 처리량이 현저히 증가하게 됩니다. 즉 너무 새로운 것을 접하게 되면 처음에는 호기심을 보이다가 어렵다는 생각에 더 이상의 관심을 주저하게 되며, 기존과 너무 유사하면 이미 알고 있다고 치부하여 더 이상의 호응을 얻지 못하는 이치와 같습니다. 인간의 뇌는 항상 최소의 노력으로 최대의 효과를 얻으려는 속성을 가지고 있기 때문입니다.

음악 오디션 프로그램을 보면, 심사 위원들로부터 유난히 높은 평가를 받는 참가자들이 있습니다. 원곡을 자신만의 색깔로 재해석하여 노래하는 참가자입니다. 리메이크 노래라는 것이 그렇습니다. 우리에게 이미 친숙한 노래이지만 어느 정도 새롭게 들려야 공감하게 됩니다. 그렇다고 너무 새롭거나 너무 익숙하면 관객의 호응을 얻지 못합니다. 그래서, 남자 가수는 여자 가수의 노래를, 여자 가수는 남자 가수의 노래를 리메이크하는 경우가 많습니다.

인간 관계도 마찬가지인 듯합니다. 처음 만나도 오래 만난 것처럼 익숙한 편안함이 있어야 하고, 오래 만나도 처음 만난 것처럼 낯선 설렘이 있다면 그 관계는 오랫동안 좋은 모습으로 지속될 것 같습니다. 하지만 그런 삶은 결코 쉽지 않습니다. 가까워지면 익숙해지고 익숙해지면 편안해지고 편안해지면 지켜야 할 선을 넘는 경우가 많습니다. 냉정과 열정 사이~너무 차가운 감정은 상대방을 멀리하고 너무 뜨거운 감정은 금방 가라앉기에. 우리는 예술과 마케팅의 세계에서 바라본 익숙함과 낯섦 사이의 그 어느 지점, 그 황금 비율을 찾기 위해 노력해야 합니다.

"예술에서 필요한 단 한 가지를 뽑으라면 그것은 반항 정신이다."
– 케니 샤프

프리다 칼로에게 배우는
위기 극복

"발, 무엇을 위해 그것을 원하나? 나에게 날 수 있는 날개가 있는데…."

괴저병으로 다리가 절단된 프리다 칼로의 일기에 적힌 글귀입니다. 역사상 가장 큰 고통과 불행 속에 삶을 살았으며 그것을 예술로 승화시킨 위대한 예술가를 뽑으라면 멕시코의 프리다 칼로(Frida Kahlo) 얘기를 안 할 수 없습니다.

디즈니 애니메이션 〈코코〉의 캐릭터를 연상케 하는 그녀는 6살에 소아마비를 앓았고, 18살에 교통사고로 철막대가 척추와 골반을 관통하는 중상을 입어 32번의 척수 수술을 받았습니다. 인생의 대부분을 강철 코르셋을 입어야만 자리에 앉을 수 있을 정도로 엄청난 고통 속에서 살았습니다.

게다가 괴저병으로 다리 절단, 남편(디에고 리베라: 멕시코의 미술가이자 혁명가)의 빈번한 외도, 심지어 남편이 그녀의 여동생과 외도를 일삼는 것도 지켜봐야 했습니다.

그런 그녀에게 그림이란 남들에게 보이기 위한 예술이라기보다 자신을 향한 치유의 선물이었는지 모릅니다.

그녀는 미술을 전공하지 않았지만 교통 사고 이후 본격적으로 그림을 그리기 시작하여 자화상 55점을 포함하여 총 140점의 작품을 남겼습니다.

병실을 화실로 꾸미고 누워서 그림을 그릴 정도의 몰입은 잠시나마 육체적 고통을 잊게 하는 예술적 승화가 아니었을까요? 그녀는 자신의 모습을 그림으로 승화시켜 고통과 트라우마를 극복하고자 했을 것입니다.

어떤 미술 평론가들은 그녀의 그림을 초현실주의라고 얘기했지만, 그녀는 그저 자신의 현실을 그린 것이라고 말했습니다. 그만큼 그녀가 겪은 끔찍한 현실이 남들에게 초현실로 비춰진 것입니다.

상상할 수 없는 고통 속에서도 끝까지 삶을 포기하지 않았던 그녀는 우리에게 트라우마를 극복하는 힘이 무엇인가를 잘 보여 줍니다. 그녀의 그림은 보기만 해도 슬프고 아픕니다. 하지만 100여 년이 지난 오늘날에 그녀의 그림은 극복의 아이콘으로 사람들에게 위안을 주고 있습니다.

멕시코의 보물 부부, 따로 또 같이~

프리다 칼로의 〈the broken column〉

부부가 그 나라의 화폐를 장식하고 있는 경우가 있을까요? 프리다 칼로와 디에고 리베라는 멕시코의 지폐(500페소) 앞뒷면을 나란히 장식하고 있습니다.

사생활이 문란했던 디에고 리베라, 그가 그린의 벽화는 원주민의 부흥, 스페인의 침략과 독립 등 멕시코의 역사를 파노라마처럼 담고 있습니다. 디에고 리베라의 예술성과 사회 운동가로서의 명성을 사랑했던 프리다 칼로. 프리다 칼로에게 가장 큰 정신적 고통을 준 디에고 리베라. 그래서일까요? 위대한 예술가 부부, 그들은 화폐에서조차 '따로 또 같이' 살아가고 있습니다.

기업도 위기를 극복한 후 이전보다 더 성공한 사례들이 있습니다.

닌텐도(Nintendo)의 위기 극복 사례

1889년, 화투 제조업체로 시작한 닌텐도는 1980년대에 경쟁사의 동종 게임기보다 최대 60%나 저렴한 가정용 게임기 슈퍼 매미컴으로 큰 성공을 거두었습니다. 낮은 가격으로 제공할 수 있었던 이유는 하드웨어를 원가 이하의 가격으로 제공한 대신 소프트웨어를 고가로 제공했기 때문입니다. 지금처럼 소프트웨어의 영향력이 크지 않았던 시대에 바비 인형 전략(인형은 저가로 판매하는 대신 소비자로 하여금 인형의 옷과 액세서리를 지속적으로 구매 유도)을 구사했던 것입니다.

그리고 세월이 흘러 기술 발달로 게임 소프트웨어는 대용량이 필요해졌습니다. 이에 소프트웨어 업체들은 닌텐도에 게임 소프트웨어를 CD-ROM으로 부착해 줄 것을 요청했으나 닌텐도는 이를 받아들이지 않았습니다. 그 결과, 닌텐도는 가정용 게임 시장에서 소니의 플레이스테이션에게 1위 자리를 내주고 말았습니다. 그런데 몇 년 후 닌텐도가 Wii와 DS 게임을 통해 과거의 영광을 재현했습니다. 특히 Wii Fit은 가족 단위의 게임 개념으로 폭발적인 인기를 누렸습니다(비록 지금은 창고의 한 구석을 차지하고 있을지언정).

하지만, 그다음엔 스마트폰의 보급으로 다시 한 번 위기에 봉착했습니다. 누구나 작은 스마트폰에 있는 앱을 구동하여 고화질/고성능의 다양한 게임이 가능해졌습니다. 닌텐도의 매출은 전성기의 4분의 1 수준으로 급락했고 회복이 어려워 보였습니다. 그런데 그들이 다시 화려하게 부활했습니다. 증강현실을 이용한 '포켓몬 고' 게임으로 말이죠. 전 세계에 걸쳐 '포켓몬 고'를 잡으려는 사람들로 난리가 났습니다. 서비스 시작 7개월 만에 매출이 10억 달러를 돌파할 만큼 완전 대박이었습니다. 비록 시대의 흐름, 환경 변수에 제대로 대처하지 못했지만 그때마다 새로운 고객 가치 발굴을 통해 보란 듯이 위기를 극복해 냈습니다.

후지필름(Fuji Film)의 위기 극복 사례

과거, 후지필름(Fuji Film)의 CEO 고모리 시게타카는 전통적인 카메라 필름 사업이 어려워질 것을 예측하고 기존의 '타도 코닥'에서 '탈 필름'으로 전략적 방향을 재설정했습니다. 특히, 그들의 핵심역량을 철저히 분석하여 잘할 수 있는 것을 찾아냈고, 이를 통해 새로운 사업 기회를 만들었습니다. 그 과정은 다음과 같습니다.

우선, 그들이 기존에 만들던 필름의 구조와 LCD TV의 편광 필름 구조가 유사하다는 점에 착안하여 TAC(Triacetyl Cellulose)라는 것을 만들었습니다. 현재는 삼성전자를 비롯한 세계 유수의 TV 및 디스플레이 제조업체들이 후지필름으로부터 TAC 소재를 공급받고 있으며 그 의존도도 높습니다.

후지 필름은 여기에 만족하지 않고 아스타리프트(Astalift)라는 상품도 개발했습니다. 아스타리프트는 얼굴의 주름을 방지하는 화장품인데 이 상품 또한 선풍적인 인기를 끌었습니다. 언뜻 보면 기존의 핵심역량과 전혀 무관한 상품 같지만, 필름의 주성분인 콜라겐이 피부 노화 방지에 효과적이라는 점에 착안하여 기존 핵심역량을 전이시킨 것입니다.

그들은 여기서 멈추지 않았습니다. 이번에는 제약산업에 진출하여 아비간(Avigan)이란 약품을 만들었습니다. 이 약품은 원래 조류인플루엔자 치료를 목적으로 만들어졌는데, 훗날 에볼라바이러스 치료에 탁월한 효과가 입증되면서 제약 시장에서도 독보적인 입지를 굳히게 되었습니다.

그들은 어떻게 이런 약까지 만들 수 있었을까요? 후지필름은 수만 가지의 화학품을 다뤄 본 경험을 토대로 제약이 화학 물질과 관련이 깊다는 점을 십분 활용한 것입니다. 최근엔 제약에서 성공한 경험을 토대로 의료기기 시장으로 진출하고 있습니다. 후지 필름의 성공적인 트랜스포메이션은 바로 위기에서 출발했습니다. 프리다 칼로가 장애와 고통으로부터 예술을 통해 스스로를 구원했듯이 후지 필름도 위기를 새로운 비즈니스 모델로 승화시킨 것입니다.

후지필름은 현재, 필름을 통해 터득한 영상 기술을 바탕으로 내시경, 초음파진단기기 등 의료 장비 시장에까지 진출하고 있습니다. 참으로 대단하지 않나요?

골프 선수 최호성은 피셔맨이란 별명을 가지고 있습니다. 마치 낚싯대를 들어 올리는 동작과 유사한 그의 스윙 때문인데요, 이는 전

아스타리프트

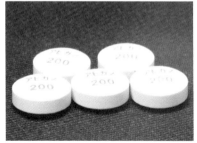

아비간

세계적으로 화제가 되었습니다. 물론 처음부터 스윙 자세가 이랬던 것은 아닙니다. 그는 사고로 엄지손가락이 절단되었고 나이가 들며 젊었을 때만큼 스윙에 힘이 실리지 못했습니다. 그래서 고안한 것이 이러한 스윙입니다. 그는 스윙법을 변경한 후 더 유명해졌고 대회 성적도 더 좋아졌습니다. 손가락의 핸디캡과 많은 나이로 인한 체력 저하를 극복하기 위해 고안한 스윙. 이것이 그의 위기 극복 방법이었습니다.

위인들에 대한 연구 결과를 보면 대부분 그 위기를 전화위복으로 삼아 큰 업적을 이루었습니다. 어차피 마주한 위기와 고난이라면 그것을 현명하게 대처하고 도전의 기회로 활용해야 합니다. 성공의 반대말은 실패가 아니라 도전하지 않는 것입니다. 도전을 하려면 극복해야 할 대상, 즉 위기가 있어야 합니다.

『The Time Machine』(1895), 『The Invisible Man』(1897), 『The War of the Worlds』(1898, 원자폭탄을 예언한 것으로 유명) 등 공상 과학 소설을 쓴 영국의 문학가 허버트 웰스(Herbert George Wells)는 다음과 같이 위기를 간결하고 위트 있게 정의했습니다.

"오늘의 위기는 내일의 농담거리이다."

초현실주의의
미래 핵심역량

초현실주의(Surrealism)는 프로이트의 정신분석학의 영향을 받아, 무의식과 상상의 세계를 표현하고자 하는 예술 사조입니다. 초현실주의는 다다이즘과 입체주의 운동을 거쳐 오늘날 환상적이면서도 기발한 표현으로 미술계에서 더욱 사랑받고 있습니다. 대표적인 예술가로 르네 마그리트, 모리츠 에셔, 살바도르 달리 등이 있으며 최근 블라드미르 쿠쉬, 에릭 요한슨 등이 큰 인기를 얻고 있습니다. 르네 마그리트는 스머프의 고향인 벨기에의 화가로, 사물을 보이는 대로 그리지 않고 재배치하거나 기발한 상상을 가미하여 그렸습니다. 그의 작품은 철학적 사색을 필요로 하는 다소 난해한 작품이지만 오히려 대중적인 소비를 통해 잘 알려진 것들이 많습니다.

예를 들어, 미야자키 하야오 감독은 애니메이션 〈하울의 움직이는 성〉이 르네 마그리트의 〈피레네의 성〉을 모티브로 만들어진 것이라고 밝힌 바 있으며, 영화 〈매트릭스〉는 르네 마그리트의 〈골콩드 (Golconde)〉로부터 영향을 받은 것으로 알려져 있습니다. 매트릭스에서 자기 복제를 하는 수많은 스미스 요원은 〈골콩드〉 작품에서 허공에 떠 있는 똑같은 모습의 신사를 연상케 합니다. 마치 인간비처럼 보이는 〈골콩드〉 속 신사의 이미지와 빗속에서 무수히 복제되는 스미스 요원의 이미지가 절묘하게 오버랩되는 듯합니다. 과거 신세계 백화점은 리모델링 공사를 하며 외관 차양 막을 〈골콩드〉 이미지로 페인팅한 적이 있었는데, 당시 이미지 사용료로 무려 1억 원을 지불했다고 합니다. 〈골콩드〉 이미지는 지금까지도 컵, 우산, 문구 등 다양한

르네 마그리트의 〈gonconda〉   르네 마그리트의 〈피레네의 성〉

굿즈의 디자인으로 판매되고 있습니다.

한편, 비틀즈가 설립한 음반사 로고도 마그리트의 〈사과〉(그는 정작 '이것은 사과가 아니다'라는 문구를 남겼지만)를 차용한 것입니다. 마그리트는 화가로 잘 알려져 있지만 사진과 홈 비디오 작품들을 꽤 남겼고 철학자로 불리길 원했습니다.

이번엔 또 다른 초현실주의 작가, 에셔의 펜로즈 계단을 살펴보겠습니다.

모리츠 코르넬리스 에셔(M.C. Escher)는 네덜란드 출신의 화가로서 건축 디자인 학교에 다녔고 주로 수학적 영감을 통해 작품 활동을 했습니다. 마치 보도블록의 텍스타일 디자인(Textile Design)처럼 반복되는 패턴과 기하학적인 무늬를 수학적으로 변환시킨 테셀레이션으로 독보적인 작품 세계를 구축하였습니다. 또한, 수학의 펜로즈 삼각형(Penrose's Triangle) 원리를 이용한 작품을 많이 남겼는데 영화 〈인셉션〉에서 꿈의 구조를 설명하는 장면 속 계단은 감독이 에셔의 작품을 모티브로 만든 것입니다. 크리스토퍼 놀란 감독의 놀라운 센스죠(또 하나의 센스! 〈인셉션〉 속 주요 배역들의 이름 알파벳 첫 자를 떼어 모으면 바로 DREAMS).

그 외 〈해리포터〉와 〈박물관은 살아 있다〉 영화 속 장면들도 펜로즈 삼각형의 원리를 이용한 에셔의 작품에서 영감을 얻은 것으로 알려져 있습니다. 그의 작품들을 한참 동안 바라보면 시공간을 초월한 무한대 개념이 떠올라 잠시 인생을 생각하는 시간을 가질 수 있습니다. 그를 수학으로 철학을 그린 미술가라고 부르는 이유입니다.

펜로즈 삼각형(Penrose triangle)

1950년대 영국의 수학자 로저 펜로즈가 고안한 삼각형입니다. 이것은 3차원 공간에서는 구현이 불가능하고 2차원에서만 구현이 가능합니다. 각 변을 이루는 모든 막대는 서로 직각임에도 불구하고 삼각형을 구성합니다. 이와 유사한 개념으로 기하학 분야에 뫼비우스의 띠와 클라인 병이 있습니다.

펜로즈 삼각형   영화 〈인셉션〉의 계단

에셔의 테셀레이션(Tessellation) 활용 작품

우리말로는 '쪽 맞추기'라고 부르며 같은 모양의 조각들을 서로 겹치거나 틈이 생기지 않게 연결하여 평면이나 공간을 덮는 것을 의미합니다. 테셀레이션은 포장지, 보도 블록, 타일 바닥 등 일상에서도 자주 볼 수 있습니다.

살바도르 달리(Salvador Dali)는 스페인의 화가로 〈기억의 지속〉이란 작품이 유명한데요. 엄청난 가치를 자랑하는 그의 작품들은 웬만한 부자들도 소유하는 것이 불가능하지만, 일상에서 단돈 몇 백 원에 그의 작품을 소유할 수 있는 방법이 있습니다. 어떻게 가능하냐고요? 바로 막대 사탕, 츄파춥스(chupa chups)를 사면 됩니다. 1958년, 엔리크 베르나트(Enric Bernat)는 어린이들이 손을 더럽히지 않고도 먹기 편한 사탕인 츄파춥스를 만들었습니다. '핥다'라는 뜻의 스페인어 츄파르(chupar)에서 이름을 딴 막대 사탕은 단순했지만 누구도 생각하지 못한 아이디어였습니다. 그는 소비자들이 쉽게 인지할 수 있는 사탕 로고를 만들기 위해 친구인 살바도르 달리에게 조언을 구했고 달리가 바로 그 자리에서 로고를 그려 주었는데 그 로고가 지금까지 이어져 온 것입니다.

살바도르 달리의 〈기억의 지속〉

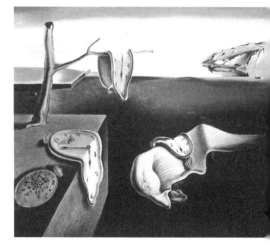

▼ 막대 사탕 '츄파춥스'

초현실주의로 주목받고 있는 두 명의 젊은 작가가 있습니다. 캔버스 위의 시처럼 은유의 멋을 기발하게 표현하는 화가 블라디미르 쿠쉬(Vladimir Kush)와 동화 속 판타지 세계처럼 상상의 멋을 기발하게 표현하는 사진 작가 에릭 요한슨(Erik Johansson)입니다.

블라드 미르 쿠쉬의 〈departure of the winged-ship〉

에릭 요한슨의 사진

아울러, 『구름공항』, 『자유낙하』, 『시간 상자』 등 글 없는 그림책으로 상상의 힘을 일깨워 준 데이비드 위즈너도 빼놓을 수 없는 초현실주의 작가라 할 수 있습니다.

초현실주의 작품이 그렇듯 기업도 현재 가능한 기술 수준과 사업 방식이 아닌 자유로운 상상력을 발휘하여 미래상을 그려 볼 필요가 있습니다. 비록, 현재 부재하거나 미흡한 역량일지라도 미래상을 위해 꼭 필요한 것이라면 그것을 달성하기 위한 핵심역량을 정의해야 합니다. 여기서 핵심역량은 세 가지로 구성됩니다.

첫째, 경쟁의 필수 기본 요소(BCR, Basic Competitive Requirements)입니다. 이것은 산업과 시장 내 전제 요소이므로 모든 상품에 대부분 반영되어 있기 때문에 경쟁사 상품과 차별화에 도움이 되지 못합니다. 즉, 충분 조건이 아니기 때문에 이것만 갖추어서는 시장에서 성공할 수 없습니다.

둘째, 잠재 핵심역량(LCC, Latent Core Competencies)입니다. 이것은 어디엔가 숨어 있는 역량으로, 잘 찾아보면 수면 위로 끌어올릴 수 있습니다. 대개의 경우 조직의 정치적인 문제나 이해관계 충돌로 인해 의도적으로 숨겨지기도 하고 때로는 간과되어 휴면 상태로 있기도 합니다.

셋째, 미래 핵심역량(FCC, Future Core Competencies)입니다. 현재는 보유하고 있지 않지만 상품 경쟁력을 확보하기 위해 미래의 어느 시점에 반드시 갖추어야 할 역량입니다.

이러한 세 가지 구성 요소를 갖추어야만 진정한 의미의 핵심역량이라 할 수 있으며 그중 현실을 초월한 미래 핵심역량의 정의가 가장 중요합니다. 기업은 단계별 미래 핵심역량을 통해 궁극적으로 도달하고자 하는 목표 이미지를 설정하고 그것을 향해 현재의 모습을 점차 발전시켜 나가야 합니다. Apple이 iPod라는 MP3 Player를 경쟁의 필수 기본 요소로 시작하여 미래 핵심역량 기반의 iPhone이라는 디지털 허브를 만들기까지 과정을 생각해 보면 핵심역량의 정의가 얼마나 중요한지 잘 알 수 있습니다.

혹시 우리 나라의 아이리버(MP3 Player)를 기억하시나요? Apple보다 먼저 상품을 출시하여 국내 시장 점유율 70%, 세계 시장 점유율 25%를 차지할 정도로 한때 잘나가는 기업이었습니다. 하지만 그 결말은 참으로 씁쓸했습니다. 가장 큰 이유를 뽑으라면 위에서 언급한 핵심역량정의의 부재라고 할 수 있습니다.

사실, 세계 최초의 MP3 Player가 우리나라의 '엠피맨'이었다는 것을 아는 사람은 거의 없습니다. 엠피맨은 세계 최초 출시로 인한 시장 선도자의 법칙(The Law of Leadership: 마케팅은 인식의 싸움이므로 소비자의 마음 속에 먼저 자리 잡는 것이 중요하다는 이론)의 이점을 제대로 살리지 못했기 때문에 실패한 것입니다. 또한, 단순히 최초 시작이 중요한 것이 아니라 자신의 핵심역량을 잘 파악하고 이를 통해 확장해 나갈 수 있는 원대한 그림이 중요하다는 것을 잘 보여 준 사례입니다.

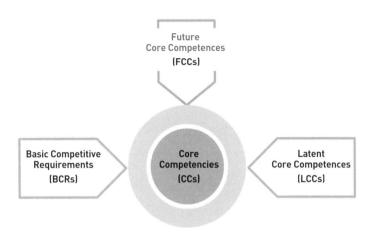

핵심역량의 구성 요소

위에서 살펴보았듯이, MP3 Player라는 똑같은 출발점, 그러나 Apple은 디지털 허브라는 거대한 생태계를 창조해 낸 반면 나머지 기업들은 출발점이 그저 종착점이 되어 버렸습니다.

우리들의 출발점은 어떤 종착점을 향해 가고 있나요? 우리들의 상상력은 초현실주의 작품들처럼 현실을 얼마나 초월할 수 있나요? 이제 우리 가슴 한편에 숨어 있는 꿈을 현실화시켜 보는 건 어떨까요?

"수학자들은 미지의 영역으로 나갈 수 있는 문을 열어 놓았지만 그 문안으로 들어가지 않았다." - M.C. 에셔

극사실주의의
Problem solving

극사실주의(Hyperrealism)는 주관을 극도로 배제한 채, 중립적 입장에서 사물을 사진처럼 묘사하기 때문에 포토리얼리즘이라고 불립니다. 대표적 작가로 P. 펄스타인(Philip Pearlstein), C.클로스(Chuck Close), 우리나라의 김영성 등이 있습니다. 얼마 전 100% CG로 실사화한 영화, 〈라이온 킹〉이 화제를 불러 모았습니다. 마치 실물처럼 동물과 밀림을 정교하게 묘사했는데, 이는 극사실주의를 영화에 적용한 것으로 해석할 수 있습니다.

보는 것, 보이는 것

위 작품들의 경우, 사진과 구분 안 될 정도의 정교함에 놀라지 않을 수 없습니다. 우리가 보는 것과 우리에게 보이는 것이 한 치의 오차도 없이 똑같은 모습을 하고 있는데, 기업이 수많은 문제들을 마주

극사실주의 작가 김영성의 작품

할 때도 세밀한 것을 놓치지 않는 이 같은 극사실주의 관점이 필요합니다. 모든 주관적 요인을 배제하고 있는 그대로의 모습을 볼 때 제대로 현상을 분석할 수 있기 때문입니다. 더 나아가 정확한 현상 분석을 통해 문제를 정의하고 그 원인을 파악할 수 있습니다.

몇몇 에피소드를 소개해 드립니다. 오래전 어느 미국 잡지에서 밤마다 고양이 울음소리로 심각한 불편을 겪는 집의 부부 이야기를 읽었습니다. 그들은 벽장에 고양이가 살고 있다고 생각하여 벽장을 뜯는 공사를 했으나 고양이를 찾을 수 없었습니다. 급기야 심령술사를 불러 귀신을 쫓기도 했지만 소용이 없었습니다. 결국 부부는 이사를 했고 소문이 퍼져 그곳에 더 이상 사람이 살 수 없게 되자 시의 권한으로 집을 허물었습니다. 그런데 집을 허무는 과정에서 뜻밖의 사실이 밝혀졌습니다. 고양이 소리의 원인은 수도 계량기 고장 때문이었습니다. 문제의 원인을 집 어딘가에 갇힌 고양이 때문이거나 귀신으로 파악했기 때문에 애꿎은 집만 부수게 된 것입니다. 현상(고양이 울음소리)에 대한 제대로 된 원인(수도 계량기) 분석만 했어도 아주 간단히 해결될 수 있는 문제였습니다.

몇 해 전 백제의 곡식 창고가 발견되어 사학계가 기뻐 놀란 적이 있었습니다. 옛 백제의 터에서 당시 연대로 추정되는 씨앗이 발견되었기 때문입니다. 그런데 기쁨도 잠시, 알고 보니 그곳은 곡식 창고가 아니라 화장실이었습니다. 기생충의 흔적도 함께 발견되었기 때문이죠.

한편, 문제를 풀기 위해서는 문제에 대한 정의를 제대로 해야 하며 때로는 문제의 재정의가 필요합니다. 단지 보이는 문제는 근본적인 문제가 아닐 수 있기 때문입니다.

다음은 고(故) 정주영 회장의 일화입니다. 1952년 12월, 아이젠하워 대통령은 한국 내방 시 UN군 묘지를 참배하기 위해 방문했습니다. 이에 주한 미군은 UN군 묘지를 새파란 잔디로 덮어 달라고 사업자인 현대에 요청했습니다. 당연히 한겨울에 잔디를 깔 수 없는 난처한 상황이었는데 정주영 회장이 문제를 해결했습니다. 어떻게 해결했을까요? 그는 잔디 대신 새파란 보리 싹을 심었습니다. 즉 문제를 정의함에 있어, '잔디'에 초점을 맞춘 것이 아니라 '새파란'에 초점을 맞춘 것입니다.

유럽의 유명 도기 업체 사례입니다. 이 기업은 배송 중 파손 방지를 위해 상자에 톱밥을 가득 실었습니다. 하지만 톱밥의 가격이 너무 높아져 비용이 증가하는 문제가 발생하자, 이를 해결하기 위해 톱밥 대신 폐신문지를 완충재로 활용하기 시작했습니다. 그런데 톱밥 대신 활용한 폐신문지는 또 다른 엉뚱한 문제를 야기했습니다. 그동안 톱밥에 들었던 비용은 절감했지만 상자에 신문지를 넣는 과정에서 작업자가 자꾸 기사를 읽게 된 것입니다. 결국 효율성이 떨어져 총비용은 이전보다 더 높아졌습니다. 비용 감소를 위한 해결책이 오히려 비용을 더 증가시킨 것입니다.

그럼 문제를 다시 정의한다면 어떻게 정의할 수 있을까요? 아마 '신문을 읽지 못하게 하는 방법을 찾는다.'로 문제를 정의하기 쉽습니다. 그런데 이 기업은 새롭게 문제를 정의했습니다. '아예 신문을 읽을 수 없는 작업자를 찾는다.'로 말이죠. 그래서 찾은 해결책이 시각장애인을 고용하는 것이었습니다. 이를 통해 사회적 책임과 기업의 이익, 두 마리 토끼를 잡을 수 있었습니다.

이번엔 문제 정의를 잘못한 사례입니다. 〈I love lucy〉(1950년대, 미국

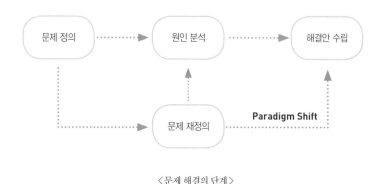

〈문제 해결의 단계〉

의 유명 코믹 드라마)의 한 장면(컨베이어 벨트의 초콜릿을 포장하는 노동자의 모습)입니다. 감독관이 빠르게 움직이는 컨베이어 벨트의 속도에 맞추어 일하지 못하는 노동자들을 질책하였습니다. 그 이유는 포장이 안 된 채로 그냥 통과하는 초콜릿이 많았기 때문입니다. 그러자 노동자들은 감독관이 없는 동안 컨베이어 벨트를 지나가는 초콜릿을 입과 옷 속에 마구 넣는 방법으로 문제를 해결했습니다(https://www.youtube.com/results?search_query=Lucy+and+the+Chocolate+Factory&sp=mAEB). 일단 컨베이어 벨트를 그냥 통과하는 초콜릿은 없게 된 것이죠.

재미로 웃자고 만든 장면 같지만 사실, 기업 활동 중 이와 유사한 사례는 많습니다. 직면한 문제를 일단 모면하려는 작업자의 태도, 그리고 근본적인 해결책을 찾을 수 없게 만드는 기업의 구조적 문제가 그 이유입니다. 풍선 효과(Balloon Effect)란 것이 있습니다. 풍선의 한쪽을 누르면 다른 쪽이 불룩 튀어나오는 것처럼 어떤 부분의 문제를 해결하면 다른 부분에 문제가 생기는 현상을 가리키는 말입니다. 올바른 문제 정의가 선행되어야 근본적인 해결책을 찾을 수 있으며 더 나아가 문제를 새롭게 재해석할 때 창의적이고 혁신적인 답을 찾을 수 있습니다.

제대로 된 문제 해결(Problem Solving)을 위해서는 논리적 사고(Logical Thinking)와 창의적 사고(Out of Box Thinking) 두 가지 모두 필요합니다. 논리적 사고는 사실 기반(Fact-based)의 추론을 가능하게 해 주며 창의적 사고는 논리적 사고만으로 해결할 수 없는 패러다임의 전환이 필요한 해결안을 제시할 수 있습니다. 이 둘은 보완 관계로서 어느 한쪽에 치우치지 않아야 합니다. 논리적 사고와 창의적 사고의 예를 퀴즈를 풀며 생각해 보겠습니다.

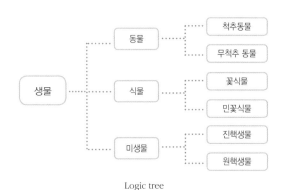

Logic tree

Out of the box

논리적 사고 퀴즈

0) 기린을 냉장고에 넣는 방법은 무엇일까요? 냉장고 문을 열고 기린을 넣는다.

1) 그럼, 코끼리를 냉장고에 넣는 방법은 무엇일까요?

▶ 냉장고 문을 열고 코끼리를 넣는다. (오답)

▶ 냉장고 문을 열고 기린을 꺼내고 코끼리를 넣는다. (더 나은 답)

2) 어느 날 밀림의 왕자, 사자가 동물 회의를 소집했습니다. 그런데 동물 회의에 참석하지 못한 동물이 있습니다. 누구일까요?

▶ 코끼리(이유: 냉장고 안에 갇혀 있으므로)

3) 무시무시한 식인 악어가 사는 강이 있습니다. 그런데 이곳을 건너야 합니다. 우리는 어떻게 이 강을 건널 수 있을까요?

▶ 그냥 헤엄쳐서 건넌다. (이유: 악어는 동물회의에 참석 중)

앞의 내용만 잘 기억하면 누구나 쉽게 풀 수 있는 문제입니다. 그런데 사람들은 의외로 답을 잘 찾지 못합니다. 논리적 사고의 연결에 익숙하지 않기 때문입니다.

창의적 사고 퀴즈

비누 생산 공장의 비누 포장 라인에서 비누가 들어 있지 않은 포장지가 종종 발견되었습니다. 이는 생산성에 영향을 미쳤을 뿐 아니라 빈 비누 포장지가 그대로 유통되는 문제가 생겼습니다. 이를 해결하기 위해 경영진은 공장 자동화 관련 유명 컨설팅 업체의 조언을 구했습니다. 그들의 해결 방안은 생산 라인에 적외선 투시 장비를 설치하여 자동으로 걸러 내는 것이었습니다. 다만, 너무 큰 비용이 든다는 단점이 있습니다. 그럼 이 방법보다 더 간단하고 창의적인 방법은 없을까요?

각 라인에 선풍기를 한 대씩 배치해 보면 어떨까요? 비누가 없는 포장지는 선풍기 바람으로 날려 버릴 수 있기 때문입니다. 비록 예시이지만 우리 주변에는 이처럼 기존 틀에서 조금만 벗어나도 해결할 수 있는 것들이 많습니다.

1976년, 우리나라에서 석유가 발견됐다는 소식에 사람들이 흥분했던 적이 있었습니다. 이 놀라운 소식의 뒷얘기를 소개해 드립니다.

글로벌 석유 파동으로 석유 가격에 대한 국민들의 불만이 치솟자, 정부는 비밀리에 석유 탐사단을 조직했습니다. 그리고 얼마 후 포항 앞바다에서 검은 액체가 발견되자 대대적인 언론 홍보를 했습니다. 그런데 모두가 환호하며 기쁨에 취한 지 1년이 지나고 정부는 결국 석유가 없다는 결론으로 입장을 바꿨습니다. 알고 보니, 당시 원유를 시추할 때 윤활 목적으로 경유를 사용했는데 이 경유가 작업 도구를 통해 지하 바위 안으로 흘러들어 갔고 이를 시추기로 다시 뽑아 올린 것입니다. 즉 작업을 위해 인위적으로 넣은 경유를 원유로 착 각했던 것입니다. 약 4만여 명의 인력과 70여 억 원이 투입된 석유 탐사 사업은 이렇게 해프닝으로 종료되었습니다. 문제 해결 과정에 서 과정의 오류를 놓친 채 보이는 것에만 집중한 우를 범했기 때문입 니다.

르네 마그리트는 〈이미지의 반역〉(1992년작)이란 작품을 통해 우리에게 본질에 대한 근본적인 물음을 던졌습니다. 그는 당시 글자는 그림 안으로 들어오면 안 된다는 불문율을 과감히 깨고 'Ceci n'est pas une pipe(이것은 파이프가 아니다).'라는 문구를 적었습니다. 그림 속 파이프는 그저 그림일 뿐 보이는 것이 진실이 아닐 수 있다는 의미입니다. 이 쯤에서 영화 〈매트릭스〉가 떠오릅니다. 영화 속, 모피어스는 이렇게 말합니다. "매트릭스는 모든 곳에 있어. 매트릭스는 진실을 못 보도 록 가린 거짓의 세계이지." 그리고 그는 네오에게 두 가지 색깔의 약 을 권하며 이렇게 말합니다. 파란 약을 먹으면 안락하지만 계속 거짓 의 세계에서 살게 되고, 빨간 약을 먹으면 비록 그 세상이 참혹한 세 상일지라도 진실의 세계에서 살게 된다고.

실존주의 철학자 하이데거는 그의 저서 『존재와 시간』을 통해 사물 과 사물의 존재는 엄연히 다른 것이라고 말합니다. 예를 들어, 고흐 의 〈한 켤레의 구두(A Pair of Shoes)〉 작품 속 낡은 구두가 단순히 구두라 는 사물이 아닌 구두 주인의 삶의 궤적을 잘 묘사하는 존재라는 것입

Ceci n'est pas une pipe.

르네 마그리트의 〈이미지의 반역〉

니다. 참 어렵죠? 화가 마그리트는 자신을 철학자로 여겼으며, 하이데거는 예술을 철학의 누이라고 말했으니 예술은 철학과 참 가까운 사이인 것 같습니다.

우리는 극사실주의 미술로부터 현상을 있는 그대로 바라보는 것과 동시에 '보이는 세상' 이면의 숨겨진 세상(본질)을 보는 법도 배워야 합니다. 그리고 나를 둘러싼 수많은 문제들을 새로운 시각으로 재정의한다면 의외로 복세편살(복잡한 세상 편하게 살자)의 진리를 깨달을 수 있지 않을까요?

모알못!
〈모나리자〉 속 다빈치 코드와
가설 수립

    프랑스 루브르 박물관에 소장되어 있는 레오나르도 다빈치의 〈모나리자〉는 아마 세상에서 가장 잘 알려진 미술 작품일 것입니다. 스푸마토 기법(색과 색 사이의 경계선을 명확히 구분하지 않고 음영 처리하는 공간감)을 통해 하나의 형태가 다른 형태 속으로 빨려 들어감으로써 우리에게 신비감과 상상의 여지를 남기는 작품, 어떤 미술 전문가들은 그 가치가 무려 40조 원 이상에 달할 것이라고 얘기합니다.

    그런데 이토록 유명한 그림이지만 요즘 유행어로 모알못(〈모나리자〉를 잘 알지 못하는)일 수 있습니다. 단적인 예로, 〈모나리자〉의 눈썹은 왜 없는 것일까요? 사실 〈모나리자〉의 눈썹은 원래 있었습니다. 그래서 '모나리자의 눈썹은 왜 없어졌을까요?'가 정확한 질문입니다. 한때, 다빈치가 신비감을 주기 위해 눈썹을 일부러 그리지 않았다거나 그리던 중 모델이 사망했다는 설들이 전해진 바 있습니다. 그러나 원래 눈썹은 존재했고 오랜 세월로 희미해졌는데, 복원 과정에서 아예 훼손되었다는 것이 정설로 받아들여지고 있습니다. 왜냐하면 고해상도 카메라 분석 기법을 통해 눈썹의 흔적을 찾았기 때문입니다.

이와 비슷한 사례가 있습니다. 우리는 한동안 그리스와 로마의 조각상은 모두 백색이라고 알고 있었습니다. 그런데 적외선분광기법을 사용하여 조각상에서 도료의 흔적을 찾아냈습니다. 즉, 세월에 의해 풍화되고 침식하여 원래 색이 없어진 것입니다.

〈모나리자〉 그림 속 숨겨진 비밀을 찾아보겠습니다. 바로 외계인의

색채가 복원된 그리스 로마 조각상

존재를 암시하는 비밀 코드입니다. 물론 다소 황당한 가설일 수도 있으나 미술·과학·의학·수학·건축·천문·요리·식물 등 다방면에서 천재성을 보여 준 다빈치를 떠올리면 단지 우스갯소리로만 치부하긴 어렵습니다. 실제 다빈치가 그의 작품들 속에 의도적으로 그런 암호를 숨겨 놓았는지 확신할 수는 없습니다만, 댄 브라운이 소설을 통해 〈최후의 만찬〉에 숨겨진 다빈치 코드를 다루었듯이 레오나르도 다빈치는 그의 작품들 속에 뭔가 암호화된 내용을 담았던 것처럼 느껴집니다. 설령 레오나르도 다빈치의 의도가 없었더라도 후대의 연구가들의 주장이 꽤 설득력이 있어 그렇게 믿기기도 합니다.

그렇다면 〈모나리자〉의 어떤 점이 외계인의 존재설을 입증하는 것일까요? (여기서는 그 사실 여부를 떠나 가설 수립을 설명하기 위한 예로 사용) 레오나르도 다빈치는 생전에 글의 좌우를 반전시켜 쓰는 일명 '거울형 글쓰기(mirror writing)' 습관을 가지고 있었습니다. 그래서 그의 글을 이해하려면 거울을 비추어 읽어야만 했습니다. 이러한 기법을 그의 그림에 적용하면 놀라운 현상을 발견할 수 있습니다. 〈모나리자〉의 거울에 비친 모습을 원그림에 이어 붙이자 외계인처럼 보이는 얼굴 형상이 나타났던 것입니다.

이 그림뿐만이 아닙니다. 〈암굴의 성모〉, 〈세례자 요한〉, 〈성안나와 성모〉 등의 그림에서도 동일한 현상이 나타났습니다. 게다가 외계인처럼 보이는 형상들은 모두 기독교 '사제의 로브'를 걸치고 머리에 대사제 관을 썼다는 공통점이 있습니다. 로마 교황청의 힘이 막강

했던 16세기, 외계 생명체와 로마 가톨릭이 모종의 관계가 있었고 당시, 로마 교황청의 후원을 받았던 레오나르도 다빈치가 그 사실을 알게 되었지만 이를 밝힐 수 없어 그림 속에 암호화했다는 것입니다. 이것이 외계인 존재설을 뒷받침하는 다빈치 코드입니다.

이처럼, 어떤 주장을 하기 위해서는 가설을 수립하고 그 가설을 증명할 수 있는 근거를 제시해야 합니다.

- 가설: 외계인은 존재한다
- 증거: 레오나르도 다빈치 작품들 속 숨겨진 외계인 형상
- 방법론: 거울형 글쓰기(mirror writing)

기업의 문제 해결이나 학계의 이론 정립도 마찬가지입니다. 새로운 연구 가설(대립 가설)을 수립하고 기존 가설(귀무가설)을 기각할 수 있는 증명을 해야 합니다. 특히 채택된 새로운 가설이 유의미하다는 것을 통계적인 방법으로 증명해야 합니다. 즉, 가설 지향적 사고란 실제 정보 수집이나 분석 활동에 앞서 그 결과를 추정해 보는 것으로 일단 하나의 가설을 수립한 후 그 가설이 맞는지 검증하고 만일 맞지 않는다면 다시 새로운 가설을 수립하며 이전 활동을 반복하는 것입니다.

이러한 방법의 장점은 시간과 비용을 최소화하여 문제를 해결할 수 있다는 점입니다. 가설 수립을 통한 방향성과 범위 설정 없이 무작정 수많은 데이터를 수집하고 분석하려면 엄청난 시간과 비용이 들 수밖에 없습니다. 그런데 시간과 비용을 줄일 수 있는 가설을 세우려면 연구자의 지식과 경험이 풍부해야 합니다.

위대한 발명가 에디슨도 수명이 길고 밝은 전구를 발명하기까지 무려 7,000번의 실패를 했다는 것은 그의 끈질긴 실험정신과 더불어 가설 수립이 얼마나 중요한지를 보여 주는 사례이기도 합니다. 따라서, 새로운 가설을 수립하기 위해서는 기존 이론과 타인의 경험을 충분히 연구하고 이해하는 것이 중요합니다.

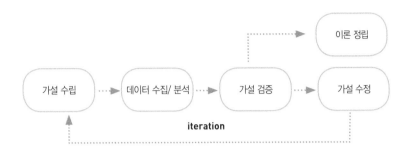

가설 수립 및 검증 절차

이 세상을 행복하게 살아가기 위한 나만의 가설은 무엇일까요? 우리는 살아가며 그 가설을 몇 번이나 수정했을까요? 새로운 가설을 수립하기 위해 삶이란 데이터를 어떻게 모으고 쪼개 보았나요? 어쩌면 그 가설이 우리를 실제 얼마나 행복하게 만들어 주고 있는지를 매일매일 검증하며 살아가고 있는지도 모릅니다.

미켈란젤로: 뺄셈의 미학

"조각 작품은 불필요한 부분을 제거하는 과정이다." 미켈란젤로가 남긴 말입니다. 그의 조각 작품 중 〈다비드〉와 〈피에타〉는 미켈란젤로가 왜 위대한 예술가인지를 알려 주는 역작으로 평가받고 있습니다. 그뿐만 아니라 〈천지창조〉, 〈최후의 심판〉 등 그의 위대한 그림들 앞에 인류는 또 한 번 경탄하지 않을 수 없습니다.

미켈란젤로는 예술가가 되기 위해 공방에 들어갔는데 그곳에서 로렌초 메디치를 만나 양자가 되었습니다. 24세 때 〈피에타〉를 만들었고 이 조각이 교황 율리우세 2세의 눈에 띄게 되어 천장에 프레스코화(석회에 모래를 섞은 모르타르를 벽면에 바르고 수분이 있는 동안 채색하는 회화)를 그리게 되었습니다. 미켈란젤로는 4년에 걸쳐 시력과 목이 망가질 정도로 혼신의 힘을 쏟은 끝에 그림을 완성하였고, 이것이 그 위대한 시스타나 성당의 천장화(Sistine Chapel Ceiling)입니다. 사실, 미켈란젤로의

미켈란젤로의 시스티나 성당 천장화(Sistine Chapel Ceiling)

천재성을 시기했던 브라만테가 그를 곤경에 빠뜨리기 위해 교황을 통해 천장화를 주문했지만 막상 천장화가 완성되었을 때는 그 누구도 감탄하지 않을 수 없었다고 합니다. 미켈란젤로의 작품을 감상하다 보면, 회화는 채우는 예술이고 조각은 덜어 내는 예술처럼 여겨져 그가 채움의 예술을 마스터하고 비움의 예술로 전향한 것이 아닐까 하는 생각이 들 정도입니다.

우리는 완벽해지기 위해 무엇인가를 더해야 한다는 강박관념에 종종 빠집니다. 그래서 맥가이버 칼처럼 모든 기능을 하나로 모으는 시도를 합니다. 한때 유행했던 올인원(All in one) 상품들이 그것을 말해 줍니다. 소비자들의 귀차니즘을 해결해 준다는 명분으로 샴푸 기능과 린스 기능이 합쳐진 상품, 세탁 기능과 건조 기능이 합쳐진 상품

등이 출시되기도 했습니다. 하지만 그러한 상품들은 대부분 지속성으로 연결되지 못했습니다. 소비자는 단 하나의 기능이라도 제대로 효과가 있는 것을 원합니다.

요즘 TMI(Too Much Information)라는 유행어가 자주 사용됩니다. 너무 많은 정보, 너무 많은 얘기는 불편해하는 것처럼 꼭 필요한 것만 강조하고 나머지는 과감히 정리하는 뺄셈의 미학이 필요합니다. 예로부터 동양의 미는 여백이라 했습니다. 여백의 미가 주는 완벽함. 미켈란젤로가 강조하는 서양의 뺄셈의 미와 동양의 여백의 미처럼 동서양의 미가 서로 이질적으로 보이지만 궁극의 경지는 서로 통하기도 합니다. 채워짐이란 비어 있는 것이고 비어 있을 때 더 채워지는 것입니다. 당대 호사가들에 의해 미켈란젤로의 경쟁 상대(당시 둘의 나이 차는 20살이었지만 피렌체 시청 대회의실 벽화를 두고 실제 대결을 벌인 뺀함)로 여겨지던 레오나르도 다빈치도 "단순함은 궁극의 세련됨이다(Simplicity is the ultimate sophistication)."라고 했습니다.

이 밖에도 단순함을 강조한 위인들이 많습니다. 세상 만물의 최상위가 신으로 귀결되던 중세 시대에 신학으로부터 철학을 독립시킨 윌리엄 오컴은 논리적으로 가장 단순한 것이 진실일 가능성이 높다는 〈오컴의 면도날〉을 주장했습니다. 어떤 현상을 설명하는 주장들 가운데 가정의 수가 많을수록 인과 관계에 대한 추론이 진실될 가능성이 낮으므로 불필요한 가정은 면도날로 잘라 내라는 것입니다. 즉, 단순성을 강조한 것입니다. 스티브 잡스의 자서전을 펴낸 월터 아이작슨은 스티

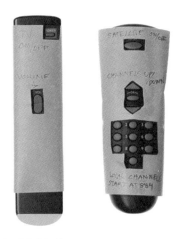

TV 리모컨의 단순화(www.designinginteractions.com)

브 잡스의 비전, 경영 방식, 상품 개발, 광고 등 모든 것은 진정한 의미의 단순함으로 집약된다고 말한 바 있습니다.

"조각 작품의 형상은 처음부터 돌 속에 있었고 조각가는 그저 불필요한 부분을 깎아 낼 뿐"이라는 미켈란젤로의 말을 톺아보며, 차고 넘치는 불필요한 것들을 짊어지고 살아가는 현대 사회 속 그것을 소중한 것으로 착각함으로써 더 이상 우리의 참모습을 볼 수 없게 된 것은 아닌지 생각해 봅니다. 우리가 불필요한 부분을 깎아 낸다면 원래의 아름다운 형상으로 되돌아갈 수 있지 않을까요?

"완벽함이란 더 이상 보탤 것이 남아 있지 않을 때가 아니라 더 이상 뺄 것이 없을 때 완성된다." – 생떽쥐베리

찰나의 예술과 SWOT분석

사진이 미술의 영역과는 다르지만 시대를 기록하는 중요한 예술이기에 미술 편에서 잠시 살펴보겠습니다. 사진은 시간을 정지시켜 찰나의 순간을 영원히 기록하는 시간 예술입니다.

한국인 최초로 퓰리처상을 받은 김경훈 저널리스트는 자신을 소개할 때 '비주얼 스토리텔러'라고 말합니다. 그가 퓰리처상을 받은 사진에는 미국과 멕시코 국경 지대에서 최루탄을 피해 달아나는 모녀의 모습이 담겨 있습니다. 트럼프 대통령의 반이민 정책에 따른 시대상을 잘 나타낸 사진입니다.

전쟁 기자로 유명한 로버트 카파는 기자 정신을 뜻하는 '카파이즘'이란 용어를 낳을 정도로 목숨을 걸고 사진을 찍었습니다. 그는 스페인 내전, 중일 전쟁, 2차 세계 대전, 중동 전쟁 등 굴곡진 역사의 순간과 전쟁의 참상을 알렸으며 그의 연인이자 동료 사진 기자인

겔다는 스페인 내전에서 사진을 찍다 탱크에 그만 압사하고 말았습니다.

한편, 역사의 장면을 찍은 사진은 사건을 세상에 알리고 긍정적인 변화를 이끌어 내기도 하지만 때로는 그 이면에 감추어진 진실을 못 보거나 오해를 통해 불행을 초래하기도 합니다.

예를 들어, 1993년 남수단의 전쟁과 기근의 참상을 세계에 알림으로써 퓰리처상을 받은 케빈 카터의 〈독수리와 소녀〉는 남수단과 아프리카에 대한 인도적 원조를 이끌어 내었지만, 정작 그 자신은 소녀를 독수리 앞에 방치했다는 비난의 뭇매를 맞고 자살이라는 극단적 선택을 했습니다.

하지만 그가 방치했다는 것은 사실과 달랐습니다. 당시 수단 정부 및 기자단 지침에 따르면, 외지인은 전염병의 우려로 현지인을 만질 수 없었을 뿐 아니라 촬영 즉시 기자단이 독수리를 멀리 쫓아 버렸다는 것입니다. 더군다나 독수리는 절대 살아 있는 사람을 공격하지 않는 습성을 가지고 있습니다.

이처럼 사진을 찍는다는 것은 구도를 잡는 것이고 구도를 잡는다는 것은 무엇인가를 배제하는 것입니다. 그래서 우리는 사진 너머까지 볼 수 있는 능력을 갖추어야 합니다.

케빈 카터의 〈독수리와 소녀〉

사진기 발명의 역사

카메라는 라틴어로 어두운 방을 뜻하는 'camera obscura'라는 말에서 유래되었습니다. 대부분 초등학교 때 작은 상자에 아주 작은 바늘 구멍을 뚫고 그곳을 통해 들어온 빛이 반대쪽에 맺히는 원리를 경험했을 텐데요. 기원전 4세기 무렵 카메라 옵스큐라를 이용해 사물을 관찰했다는 아리스토텔레스의 기록이 있으니 참 놀랍습니다. 그 후 1826년경, 프랑스에서 최초의 사진기가 나왔고 사진기의 대중화는 습판 기술이 시작된 1850년대 이후 서서히 시작되었습니다. 사진의 대중화는 인상주의 미술과 추상화를 낳았는데 이것은 그림이 사진보다 실물을 더 정확하게 묘사할 수 없게 되자 사진으로 표현할 수 없는 새로운 화풍이 생겨난 것입니다. 사진이 대중화되기 이전에는 부모가 죽은 아기들을 안고 있는 모습을 찍었다고 합니다. 왜냐하면 너무 비싼 가격으로 인해 아주 특별한 날만 사진 촬영을 할 수 있었기 때문입니다. 스마트폰만 갖고 있으면 모든 대상을 손가락 한번 움직여 촬영 가능한 지금과 비교해 볼 때, 참 가슴 아픈 일이 아닐 수 없습니다.

역사적으로 중요하거나 소중한 순간을 기록하는 사진처럼 기업에서도 스냅 샷(Snap Shot) 분석 활동을 자주 합니다. 바로 SWOT분석입니다. SWOT분석이란 기업의 내부 환경과 외부 환경을 분석하여 강점(Strength), 약점(Weakness), 기회(Opportunity), 위협(Threat) 요인을 파악하고 이를 토대로 경영 전략을 수립하는 기법입니다.

  다만, 이러한 분석은 정지된 상태의 현 시점에서 바라본 스냅 샷이기 때문에 미래의 역동적인 변화를 담기가 어렵습니다. 한 장의 사진이 소중한 추억과 역사적 사건을 시처럼 은유적이고 상징적으로 보여주지만 때로는 오해를 남기는 것처럼 기업의 SWOT분석도 미래의 변화 모습을 담아내고 예측하기엔 부족할 수 있습니다. 그 점이 SWOT분석의 한계입니다. 그래서 SWOT분석을 수행할 때는 시장과 경쟁자의 미래 변화 모습을 예측하고 그것을 담아낼 수 있는 역동적인 분석이 동반되어야 합니다.

〈SWOT 분석〉

구분	기회 (O)	위협 (T)
강점 (S)	**SO 전략** 강점을 가지고 기회를 살리는 전략	**ST 전략** 강점을 가지고 위협을 최소화 하는 전략
약점 (W)	**WO 전략** 약점을 보완하며 기회를 살리는 전략	**WT 전략** 약점을 보완하며 위협을 최소화하는 전략

우리는 인생을 살며 다시 되돌아갈 수만 있다면 절대 놓치고 싶지 않은 순간이 있습니다. 하지만 당시에는 그 순간이 얼마나 소중한 시간인지 인식조차 못할 때도 있습니다. 순간을 영원으로 기록하는 사진처럼 그것을 우리 마음속에 차곡차곡 담아 영원의 기록으로 남겨둔다면 조금은 덜 후회하며 누군가에게 덜 미안할 수도 있지 않을까요? 순간을 영원으로~!

"당신이 찍은 사진이 마음에 들지 않는다면, 그것은 당신이 충분히 가까이 가지 않았기 때문이다." – 로버트 카파

Part 02.

/

청각을 지배하는 자

음악 편

교향곡과 사일로 효과(Silo Effect)

  클래식 음악은 크게 성악과 기악으로 나뉩니다. 성악은 인간의 목소리로만 연주하는 것이고 기악은 악기로 연주하는 것으로서 교향곡, 협주곡, 독주곡, 실내악이 있습니다. 기악은 제약된 인간의 소리인 성악에 비해 자유로운 음역대와 다양한 음색을 낼 수 있습니다. 더군다나 가사가 없으므로 듣는 사람들로 하여금 자유로운 상상과 해석을 가능하게 해 줍니다.

〈기악의 유형〉

기악	교향곡(Symphony)	기악 중 가장 큰 규모로 연주되는 곡으로 영화의 블록버스터급
	협주곡(Concerto)	특정 악기와 오케스트라 간의 경합곡 (예: 바이올린 협주곡, 피아노 협주곡)
	독주곡(Solo)	하나의 악기로 연주하는 곡
	실내악(Chamber Music)	3중주, 4중주 등 소수의 악기로 연주되는 곡

이러한 기악 중 가장 규모가 큰 연주가 바로 교향곡입니다. 교향곡(交響曲)은 영어의 심포니(Symphony)를 번역한 것인데 그리스어의 Syn(함께)과 Phone(울린다)의 합성어, 즉 '함께 울린다'라는 의미를 한자로 표기한 것입니다. 대부분의 오케스트라 명은 오케스트라의 기반이 되는 지명에 필하모닉/심포니를 붙이는 형태로 되어 있습니다. 세계 3대 오케스트라로 불리는 베를린 필하모닉 오케스트라, 뉴욕 필하모닉 오케스트라, 보스턴 심포니 오케스트라가 그 예입니다. 물론 이런 규칙을 따르지 않는 것도 있습니다. 신흥 강자, 암스테르담의 로열 콘서트 헤보우 오케스트라입니다.

오케스트라의 어원은 그리스어로 춤과 무용을 하는 장소를 뜻하며 그 시작은 상인들이 만든 소박한 음악회였습니다. 1743년, 독일의 라이프치히에서 직물 거래를 하던 상인들은 매달 유명 음악가들을 초청하여 연주회를 열었습니다. 처음에는 카페에서 연주회를 시작했으며 관중들이 점점 많아지자, 직물업자들이 버린 사무용 건물을 연주 전용 공간으로 개조하였고 1781년 마침내 오늘날과 같은 정식 콘서트 홀의 모습을 갖춘 '라이프치히 게반트하우스 오케스트라'가 되었습니다.

오케스트라가 연주하던 교향곡은 원래 오페라 공연의 막이 오르기 전 관객의 주의를 집중하기 위한 짧은 서곡에서 출발하였는데 이것이 18세기 후반, 4악장의 구성을 갖춘 관현악곡으로 발전한 것입니다. 그리고 이러한 발전의 기틀을 닦은 음악가가 바로 프란츠 요제프 하이든입니다. 그는 헝가리의 베르사유 궁전이라 불리는 에스테르하지 궁전에서 30년간 악장으로 활동하며 77세까지 무려 108곡의 교향곡을 남겼습니다. 하이든의 음악 활동에 대해서는 그의 제자 베토벤 이야기에서 새로운 주제로 다루겠습니다.

재밌게 들을 수 있는 하이든 교향곡

- Symphony No. 82 in C Major "The Bear" (곰의 서투른 춤을 연상시켜 붙은 부제)
- Symphony No. 83 in "La Poule" (오보에 연주가 암탉의 울음소리를 연상시켜 붙은 부제)
- Symphony No. 94 in G Major "Surprise" (잠든 청중을 깨운 큰 소리 때문에 붙은 부제)
- Symphony No. 45 in F-sharp Minor "Farewell" (휴가에 목마른 연주자들을 대변한 퍼포먼스)
  ▶ 부제는 작곡가가 명명하는 경우도 있으나 대부분의 경우 평론가나 후대 사람들이 붙임

한편, 모차르트는 총 41곡의 교향곡을, 베토벤은 불멸의 9곡의 교향곡을 남기고 세상을 떠났습니다. 이후 많은 음악가들이 베토벤의 교향곡을 뛰어넘기 위해 고군분투했으나 이를 극복한 음악가는 거의 없었습니다. 브람스는 거인(베토벤)이 나를 뚜벅뚜벅 쫓아오는 소리를 항상 들어야 했다고 말했는데, 1번 교향곡을 작곡하는 데 21년이라는 기간이 걸렸습니다. 그런데 브람스의 베토벤에 대한 강박관념이 너무 컸을까요? 그의 1번 교향곡은 베토벤의 교향곡들과 비슷하여 베토

벤의 10번 교향곡이라는 평가를 받기도 했습니다.

그리고 슈베르트, 드보르작, 말러, 브루크너 등 당대 유명 작곡가들이 9번 교향곡을 끝으로 사망하자, 베토벤의 9번 교향곡은 9번의 저주로 불리는 넘사벽이 되었습니다. 특히 구스타프 말러는 9번째 교향곡을 쓸 차례가 되자, 그 징크스를 피하기 위해 9번 대신, 성악을 추가해 〈대지의 노래〉라는 이름을 붙였습니다. 이에 안심하고 그다음 진짜 9번째 교향곡을 작곡하였는데 1911년 10번째 교향곡을 작곡하다 돌연 심장 발작으로 사망했습니다. 결국, 말러가 완성한 교향곡은 총 9곡인 셈이죠.

오케스트라의 기본 구성은 현악, 목관, 금관, 타악의 4파트로 되어 있습니다. 현악은 현으로 소리를 내는 파트로 오케스트라에서 연주자의 수가 가장 많은데 1st 바이올린(멜로디 연주 담당), 2nd 바이올린(화음 담당), 비올라(바이올린과 유사하나 C도가 존재하며 클라리넷과 바꿔 부르기도 함), 첼로로 구성되어 있습니다. 현악기는 애절한 고음역대의 바이올린, 우리 몸을 감싸 안은 듯한 편안한 중/저음의 첼로, 따스한 중간 음역대의 비올라, 모든 악기 중 가장 낮은 음역대를 가진 더블 베이스로 구성되어 있습니다. 오케스트라의 구성 중 현악 파트의 연주자가 가장 많은 이유는 현악기가 사람의 감성을 잘 파고드는 음색을 가지고 있어 대부분의 고전 음악이 현악기 위주로 작곡되었기 때문입니다. 현악기는 마치 연인을 살포시 안듯이 연주하는 모양새를 하고 있어서인지 그 부분 명칭도 사람의 신체 구조와 같이 목/몸통/등으로 불리며,

동질의 음색으로 서로 조화를 잘 이룹니다.

목관 악기는 나무 재질의 긴 관에 숨을 불어 넣어 소리를 냅니다. 현악기에 비해 음색의 개성이 뚜렷한 악기들로 새가 지저귀는 듯한 음색의 플루트(요즘은 대부분 금속 재질을 사용하지만 예전에 나무 재질 사용), 추억을 속삭이는 듯한 음색의 오보에, 모차르트가 가장 사랑한 악기로 전해지는 풍부한 음색의 클라리넷, 뱃고동 소리처럼 뻥 뚫리는 듯한 저음의 바순으로 구성되어 있습니다. 특히 플루트의 소리는 운지법 외 입술의 미세한 각도와 바람 세기로 조절한다고 하니 그것이 얼마나 섬세한 악기인지 알 수 있습니다.

금관 악기는 금속으로 된 관악기로서 군의 승리 팡파르와 제식, 사냥에 사용되던 나팔에서 유래되었으며 장엄하고 고독한 음색의 호른, 화려한 음색의 트럼펫, 중후한 음색의 트롬본, 묵직한 음색의 튜바로 구성되어 있습니다. 오케스트라 파트 중 가장 음량이 커서 자주 등장하지는 않지만 적재적소에 나타나 그 존재감을 알립니다. 그래서 금관 악기 파트의 악보를 보면 거의 60마디를 기다려야 차례가 오는 경우도 있습니다.

타악기는 심벌즈, 팀파니, 북 등으로 구성되어 있으며, 연주자의 실수는 대형 사고로 연결되기 때문에 항상 긴장하며 연주해야 되는 악기입니다.

지휘자는 어떤 악기를 어느 악절에 배치할지를 결정하며 음악의 스타일을 만드는 중요한 역할을 합니다. 베를린 필하모닉, 뉴욕 필하모

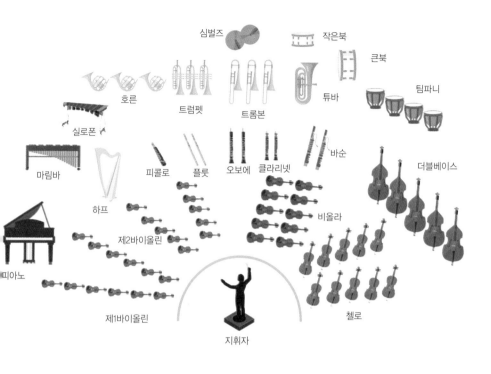

심벌즈

작은북

큰북

팀파니

호른

트럼펫

트롬본

튜바

실로폰

마림바

하프

피콜로

플룻

오보에

클라리넷

바순

더블베이스

비올라

피아노

제2바이올린

제1바이올린

지휘자

첼로

오케스트라 배치도

닉, 빈 필하모닉 등 여러 오케스트라 음반을 듣다 보면 지휘자의 해석에 따라 동일한 곡이라 하더라도 곡의 느낌이 확연히 달라지는 것을 느낄 수 있습니다. 여기서 잠깐~ 그럼 지휘자가 모든 악기를 연주할 수 있을까요? 그렇지는 않습니다. 대신, 지휘자는 각 악기의 장단점을 누구보다 잘 파악하고 이를 잘 리드할 수 있어야 합니다.

악장(concert master)은 1st 바이올린의 맨 앞자리 오른쪽에 앉아 있는 사람으로서 오케스트라 단원 전체를 대표하여 지휘자와 단원 사이의 코디네이터 역할을 합니다. 공연장에 가면 연주 전후에 지휘자가 악장과 악수하는 모습을 볼 수 있는데, 오케스트라 단원 전체와 일일이 악수를 나눌 수 없기 때문에 대표자와 인사를 나누는 것입니다.

베를린 필의 위대한 지휘자

흔히 베를린 필의 지휘자로 카라얀을 떠올리는 사람들이 많지만 그의 명성을 뛰어넘는 위대한 지휘자가 있습니다. 바로 베를린 필의 3대 상임 지휘자, 빌헬름 푸르트 뱅글러(Wilhelm Furtwangler)입니다. 다음은 그에 대한 일화입니다.

1차 대전 패전 후 독일이 재정난에 처하자, 베를린 필은 시와 정부의 보조금에 의존하게 되었습니다. 더군다나 나치 정권하에서 사실상 국립 교향악단으로 활동하며 각종 나치 주최 행사에 동원되었습니다. 그러나 푸르트 뱅글러는 공개적으로 히틀러를 인류의 적이라 부르며 비판하였고 공연에 참석한 그에게 경례도 하지 않았습니다. 하지만 17번의 커튼콜을 받을 정도로 폭발적인 관객의 호응에 히틀러는 푸르트 뱅글러의 이러한 태도를 문제 삼지 않았다고 합니다. 한편, 푸르트 뱅글러는 악장과 악장 사이 박수를 치던 관행을 없앴으며 이는 오늘날까지 불문율로 이어져 오고 있습니다.

이처럼 오케스트라는 각자의 역할을 충실히 하며 서로 조화를 이룰 때에만 훌륭한 연주를 할 수 있습니다. 경영학 용어에 사일로 효과 (Silo Effect)라는 것이 있습니다. 곡식 및 사료를 저장해 두는 굴뚝 모양의 창고인 사일로(silo)에 빗댄 말로, 조직 간 담을 쌓는 부서 이기주의가 심한 현상을 일컫습니다. 기업 활동 중 어떤 문제를 해결하기 위한 방법으로 왼쪽 주머니의 것을 오른쪽 주머니로 잠시 옮겨 놓는 현상이 종종 발생합니다. 부분의 합이 총합이 된다는 것을 간과한 "부분 최적화의 오류"입니다.

기업에서 지휘자와 같은 역할을 하는 사람은 CEO입니다. CEO는 조직 간 사일로 효과가 발생하지 않도록 각 기능을 조율하고 적재적소에 자원을 배치하여 사업의 큰 그림을 그릴 수 있어야 합니다. 하지만 어떤 CEO는 마케팅, 개발, 생산, 재무, 인사 등 모든 Value Chain의 전문가처럼 지나치게 세세한 영역에 대한 간섭과 의사결정을 하다 보니 정작 중요한 것을 놓치는 오류를 범하기도 합니다. 앞서 오케스트라의 지휘자가 모든 악기를 연주할 수 없듯이, CEO도 모든 분야의 전문가가 될 수 없다는 점을 간과해서는 안 될 것입니다. 그래서 각 분야별 전문성을 가진 관리자들의 역할이 큽니다. 악장이 오케스트라 단원과 지휘자 사이를 오가며 중재하듯이 말이죠.

또한 기업은 오케스트라처럼 곡의 중심인 주선율뿐 아니라 침묵까지도 음악의 구성원으로 존중할 수 있는 조직문화를 만들 수 있어야 합니다. 금관 악기가 한 번의 소리를 내기 위해 60마디를 기다렸듯이 신사업이 성공하기 위한 기다림의 미학을 가져야 합니다. 또한 기악에 가사가 없듯이 기업에서도 불필요한 통제보다 자율과 창의적 문화가 필요할 때입니다. 기업도 교향곡처럼 구성원들이 함께 울릴 때 좋은 성과를 낼 수 있다는 점을 명심해야겠습니다.

우리는 평소 남의 소리에 경청해야 한다는 이야기를 많이 듣습니다. 그런데 관점을 달리하여 화자의 입장에서 생각해 볼 수 있습니다. 오케스트라의 각 파트가 서로의 악기 소리를 존중하며 제때 제음을 내듯이, 기업에서 화음이란 것은 남의 소리도 중요하지만 나의 소리를 얼마나 제때 제 음으로 정확히 내는가도 중요합니다. 우리는 세상을 살아가며 얼마나 올바른 소리를 내고 있나요?

교향곡으로 시대의 올바른 메시지를 전달한 드미트리 쇼스타코비치
(Dmitrii Shostakovich 1906~1975)

쇼스타코비치는 러시아의 현대사에서 겪은 굴곡을 교향곡으로 전달한 훌륭한 음악가입니다. 총 15개의 교향곡을 썼으므로 베토벤의 9번 교향곡 징크스를 깬 음악가이기도 합니다. 1941년 소련의 레닌그라드가 독일군에 의해 완전히 포위되었을 때, 7번 교향곡을 만들어 전쟁터에 흩어져 있던 연주자들을 모아 연주했는데 이 작품이 7번 교향곡(레닌그라드)이며 '브라운아이드걸스'의 노래 〈식스 센스〉에서 인용되기도 했습니다(쇼스타코비치의 왈츠곡은 영화 〈번지점프를 하다〉에 삽입).

다음은 스탈린 독재 정권하에서 음표를 통해 독재와 인간성 상실을 비판한 일화입니다. 그가 9번 교향곡을 작곡할 무렵, 소련 당국은 스탈린을 찬양하는 교향곡으로 만들 것을 지시했습니다. 하지만 곡이 완성된 후 연주를 들은 당의 간부들은 경악했는데 이 곡이 지나치게 가볍고 풍자적으로 느껴졌기 때문입니다. 이로 인해 9번 작품은 연주가 금지되었고 쇼스타코비치 또한 인민의 적으로 낙인찍혀 자아비판을 받게 되었습니다. 그는 후에 회고록에서 "나는 스탈린을 찬양하는 음악을 만들 수 없었다. 교향곡 9번을 쓸 때 그 사실을 깨달았다."라고 밝혔습니다. 쇼스타코비치가 9번 교향곡의 징크스를 깰 수 있었던 이유가 어쩌면 그의 정의롭고 용기 있는 진심을 이해한 베토벤의 배려 때문은 아니었을까요?

YouTube Creator의 아버지,
루드비히 반 베토벤

베토벤이 남긴 불멸의 교향곡 중

Symphony No. 3 in Eb Major Op. 55 "영웅"

청력 상실에 따른 고통으로 유서(하일리겐슈타트 유서) 작성 후 이듬해 완성한
곡이며 베토벤이 작곡가로서의 명성을 얻는 발판이 된 작품. 처음 표제는 '보나파
르트(나폴레옹의 성)'로 나폴레옹에게 헌정하려 했으나 그가 프랑스 대혁명의 사
상을 저버리고 결국 왕정으로 회귀한 후 황제가 되자 실망하여 '영웅'으로 바꿈.

Symphony No. 5 in c Minor Op. 67 "운명"

1악장 첫 부분을 놓고 '운명은 이렇게 문을 두드린다.'라는 베토벤의 말이 그의
제자 쉰들러를 통해 전해지면서 붙여진 부제(해외에서는 C단조로 통용됨).

Symphony No. 7 in A Major Op. 92

일본 드라마 〈노다메 칸타빌레〉에 소개되어 친숙해진 곡.

Symphony No. 9 in d Minor Op. 125 "합창"

기악인 교향곡의 형식을 깨고 성악처럼 가사를 붙인 곡으로 1786년 독일의 한 문학지에 발표된 「환희의 송가」라는 프리드리히 실러의 시를 인용한 것입니다. 원래 '자유의 송가'였으나 당시 혁명적인 사상이었던 '자유'에 대한 검열을 피하기 위해 '환희'로 바꾼 것입니다. 당시 비밀결사조직, 프리메이슨 회원들이 즐겨 불렀으며 아이러니하게도 2차 세계 대전 시 히틀러의 군 행진가에 자주 사용되었습니다. 훗날, 화가 구스타프 클림트가 그린 대형 벽화 〈베토벤 프리즈〉는 9번 합창 중 마지막 4악장 '환희의 송가'를 표현한 것이며 곡이 전달하고자 하는 자유와 화합의 메시지로 인해 현재 EU의 국가(國歌)이자, 전 세계 송년 음악회의 단골 레퍼토리이기도 합니다.

"가혹한 현실이 갈라놓았던 자들을 신비로운 그대의 힘으로 다시 결합시킨다. 그리고 모든 인간은 형제가 되노라. 그대의 부드러운 날개가 머무는 곳에…."
(실러의 「환희의 송가」 중)

OP는 무엇인가요?

Op는 라틴어인 Opus의 약자이며 작품 번호를 의미하는 것으로 곡의 제목이 없었던 시절, 곡을 구분하는 제목 역할을 했습니다. 이러한 작품 번호는 베토벤이 최초로 자신의 곡에 붙이기 시작했으며 그 외 작곡가들의 곡은 그들의 사후, 후대의 음악학자들이 붙여 준 것입니다. 작품 번호는 작곡 순서와 항상 일치하지는 않는데 그 이유는 악보의 출판 순서로 붙여진 경우가 많기 때문입니다. 작품 번호들은 대부분 곡을 정리한 사람의 이름을 땄습니다. 예를 들어 K는 쾨헬이 정리한 모차르트의 작품번호이며, RV는 리용(Ryon)이 정리한 비발디의 곡으로 'Ryon Verzeichnis'의 약자입니다. 이런 방식으로 BWV는 바흐 작품을, HWV는 헨델의 작품을, Hob는 하이든의 작품을 의미합니다.

악성(음악의 성인) 루드비히 반 베토벤(1770년~1827년)은 위대한 음악가이자 1인 기업의 아버지입니다. 그는 이전의 음악가들과 달리, 악보를 팔고 연주회 개최를 통해 번 수익으로 자신이 원하는 작곡 활동을 했습니다. 물론 그를 인정한 귀족들로부터 후원을 받았지만 결코 그들을 위한 음악을 만들지 않았습니다. 사실, 베토벤 이전까지만 해도 우리가 잘 아는 대부분의 음악가들은 왕족이나 귀족에 전속되어 그들만을 위한 작곡과 연주를 했습니다(당시만 해도 음악가의 지위는 하인에 불과하였음).

교향곡의 아버지라 불리는 하이든(1732년~1809년)도 헝가리의 귀족 에스테르하지를 위해 무려 30년간 전속 악장으로 활동했는데 하이든의 모든 작품은 에스테르하지의 소유이고 그를 위해 하루 2번 의무적인 연주를 해야 하는 등 지금의 기준으로 볼 땐 노예 계약이나 다름없었습니다. 실제, 하이든의 편지에는 다음과 같은 글귀가 있습니다.

"나는 외딴 궁정에 갇혀 있어야만 합니다. 끊임없는 속박은 슬픈 일이지요. 세상으로부터 단절되어 있지만 오케스트라 악장으로서 여러 실험을 할 수 있다는 것이 유일한 위안입니다."

마치 자유가 없는 감옥 생활처럼 보입니다. 물론 나중에 계약 내용을 변경하여 저작권이 인정되었고 이는 하이든이 더 많은 작곡을 하는 원동력이 되었습니다.

휴가 시즌에 듣기 좋은 하이든 교향곡?

혹시 회사에서 눈치가 보여 휴가를 떠나기 어렵다면, 상사에게 하이든의 교향곡을 들려주시면 어떨까요? 하이든의 작품 중 Symphony No. 45 in F-sharp Minor "Farewell(고별)"은 휴가를 보내 주지 않는 에스테르하지에 대한 저항을 음악으로 위트 있게 표현한 교향곡입니다. 연주가 채 끝나기 전 하이든은 단원들이 하나둘 차례로 퇴장하는 퍼포먼스를 보여 주었는데 에스트르하지는 이러한 퍼포먼스를 본 후 그제야 단원들의 휴가를 허락했다고 합니다. 한편, 당시에는 전기가 없어 공연장이 어두웠으므로 단원들 자리 옆에는 촛불이 있었는데 퇴장할 때 모두 촛불을 끄고 나왔다고 하여 '촛불 교향곡'으로도 불립니다. 하이든 서거 200주년이었던 2009년 신년 음악회에서 다니엘 바렌보임이 지휘한 빈 필하모닉 오케스트라가 이것을 재연하여 관객들로 하여금 폭소를 자아냈습니다.

하이든의 제자였던 베토벤은 스승과 달리 자유 음악가의 길을 개척했습니다. 아마도 스승의 속박된 음악 활동을 곁에서 지켜봤던 그는

누구보다도 구속받는 음악 활동의 비애를 잘 알았을 것입니다. 또한 불우한 가정사도 영향을 미쳤던 것으로 보입니다. 베토벤의 아버지는 잦은 학대는 물론, 모차르트(베토벤보다 14살 위)를 의식해 아들을 신동인 것처럼 꾸며 돈벌이에 이용하기 위해 출생 신고를 2년이나 늦게 하였고 음악 이외에는 제대로 된 교육을 시키지 않는 등 최악의 아버지였습니다. 아버지의 그릇된 삶(알코올 중독, 절도, 학대, 강압적인 교육관) 속에서도 베토벤은 다행히 부정적 동기부여(Negative Motivation: 나쁜 것을 따라 하지 않는 경향)를 받아 위대한 음악가가 된 것입니다.

이렇듯 불우한 유년 시절을 겪으며 일찌감치 소년 가장의 역할을 했던 베토벤은 음악을 통한 경제적 자립에도 관심이 컸을 것입니다. 훗날 하이든과 커피 한 잔을 마셔도 가계부에 꼼꼼히 기록했다고 전해지는 것을 보면 그가 평소에 얼마나 경제적 관념을 갖고 살았는지 잘 알 수 있습니다(사실 그는 어릴 적 피아노만 가르쳤던 아버지의 그릇된 교육 방식으로 수학을 제대로 배우지 못해 종종 가계부의 대차대조표 계산을 틀렸다고 전해집니다).

베토벤은 유명세를 얻은 이후 악보 판매와 연주회를 개최하며 특정 귀족에게 구속받지 않고 자신의 음악 세계를 펼칠 수 있었습니다. 물론 대가를 목적으로 하지 않는 후원자들도 생겨났습니다. 당시 유럽은 경제력을 갖춘 중산층 시민이 음악의 새로운 수요자로 급부상하면서 공연 문화가 대중화되었습니다. 또한, 경제력은 어느 정도 갖추었지만 그렇다고 귀족들처럼 음악가를 상시 거주하게 할 수 없으므로 스스로 악기를 배워 음악을 즐기려는 수요도 커졌습니다. 중산층이 악기를 배운다는 것은 오디오 플레이어가 없던 시절, 사적인 공간에서 명곡을 감상할 수 있는 유일한 방법이었으며 악보를 구입한다는 것은 새로 발매된 음반을 구입하는 것과 같은 맥락입니다. 그래서 음악을 즐기려면 악보가 필요했고 악보 시장 규모가 커져 베토벤, 하이든 같은 작곡가의 악보가 불티나게 팔리게 된 것입니다. 오늘날과 비교하면 베토벤은 유튜버와 같은 최초의 프리랜서 음악가였습니다.

악보 산업의 발전은 루터의 종교개혁 때문이다?
: 루터 종교개혁의 나비 효과

가톨릭 교회의 부패가 점점 심해질 무렵, 교황 레오 10세가 성 베드로 대성당을 개축할 재원을 마련하기 위해 면벌부(돈을 받고 죄를 면해 주는 것)를 판매하자 이에 신학 대학 교수였던 루터가 반박문을 발표했는데 이것이 종교 개혁의 시발점이 되었습니다. 그런데 이러한 종교개혁이 악보 산업의 발달과 어떤 관계가 있을까요? 당시만 해도 성경은 어려운 라틴어로 쓰여 있어 평민들은 읽을 수 없었는데(교회의 사적 이익을 위해 잘못된 해석을 하여 대중들을 속이는 수단으로 사용) 루터가 성경을 독일어로 번역하여 원문의 가르침을 널리 알리고 반박문 또한 독일어로 발표하여 대중의 공감을 이끌어 낼 수 있었습니다. 이로 인해 성경을 읽을 수 있는 사람들이 증가하게 되었고, 이러한 수요를 충족하기 위한 인쇄술이 발달했습니다. 동판을 사용한 인쇄술이 나오게 되자 악보의 제작이 한결 수월해졌으며, 수요의 폭발적 증가로 곡에 대한 저작권 개념이 생기고 유통을 하는 출판사가 생겨났습니다. 바흐는 악보를 통해 유럽 전역에 떨어져 있는 음악가들의 곡을 접하며 자기 작품을 발전시켰고 하이든과 베토벤은 저작권으로 큰돈을 벌었습니다.

경영 이론 중, '통로 원칙(Corridor Principle)'이라는 것이 있습니다. 사업 기회란 밖에서만 바라보면 제대로 보이지 않고, 실제 그 사업에 뛰어들면 기대하지 않았던 새로운 기회를 접할 수 있습니다. 즉, 통로 밖에서는 통로 안이 잘 보이지 않지만, 일단 통로에 들어가면 밖에서는 보이지 않던 통로 속 새로운 길들이 잘 보인다는 뜻입니다. 이는 하이든과 베토벤을 비교해 보면 잘 알 수 있습니다. 앞서 언급했듯이 예술 시장의 대중화 흐름은 두 사람 모두에게 공통분모였으나 베토벤은 자신의 의지를 통해 새로운 통로를 찾은 것입니다.

하이든의 곡은 유명해져 그의 악보는 짝퉁이 돌아다닐 정도로 인지도(가장 위작이 많은 작곡가로 한동안 하이든의 곡으로 알려졌던 장난감 교향곡은 사실 모차르트의 아버지가 작곡한 것으로 밝혀짐)가 높아졌지만 그는 여전히 에스테르하지 후작의 전속 악장으로 지냈습니다. 반면, 베토벤은 그의 역량과 인지도를 통해 악보를 팔고 대중 연주회를 개최하여 부를 쌓았으며 이를 통해 독립적으로 자신의 작품 세계를 구축할 수 있었습니다. 일반적으로 창업 행위 자체가 창업 전에는 인지하지 못했던 또 다른 사업 기회를 발견하게 하고 이를 활용할 수 있는 역량을 배가해 주는데, 베토벤의 위대한 교향곡들도 이러한 '통로 원칙' 속에서 작곡된 것은 아닐까요?

Youtube를 기반으로 활동 중인 미국의 클래식 크로스오버 뮤직 그룹 피아노 가이즈(Piano Guys)가 있습니다. 피아노 가이즈는 폴 앤더슨이 운영하던 판매점 이름이었는데 이곳에 피아니스트 존 슈미트가 가끔 피아노를 치러 왔습니다. 폴 앤더슨은 존 슈미트에게 상점 홍보용 뮤직 비디오에 출연해 달라고 부탁했고 이에 존 슈미트가 동료와 함께 연주한 것을 폴 앤더슨이 비디오 클립으로 만들어 유튜브에 올렸습니다.

그런데 이 비디오 클립이 예상 밖의 엄청난 인기를 끌자, 피아노 가이즈는 일주일에 1~2편씩 연주 영상을 올리기 시작했으며 얼마 후 폴 앤더슨은 피아노 판매점을 폐업하고 피아노 가이즈와 함께 전문 음악 그룹을 만들었습니다. 그들의 명성 덕분에 피아노 가이즈는 소니와 계약을 체결하여 정규 앨범을 발표했으며 2015년에 내한 공연을 하기도 했습니다. 현재, 피아노 가이즈 Youtube 채널의 누적 조회수는 10억 건 이상으로 광고 수익만 수십 억 원에 이를 것으로 추정됩니다.

한편 국악 연주가 송경근은 잊혀 가던 전통 악기 훈(고려 예종, 송나라에서 도입된 흙으로 빚은 관악기)을 발전시켜 자신의 성을 붙인 송훈이라는 악기로 재탄생시켰을 뿐 아니라, 공예가로서의 재능을 발견했다고 합니다. 즉, 연주를 하다 보니 부족한 소리를 메우기 위해 악기를 제작하게 되었고, 악기를 제작하다 보니 대나무 공예가로서의 재능을 발견하고 새로운 통로를 찾게 된 것입니다.

혹시 현재의 통로 속에서 벗어나 다른 통로를 찾고 싶은 마음은 없었나요? 혹시 새로운 통로를 찾고도 그 통로 속에서 길을 잃을까 두려워 포기한 적은 없었나요? 잠시 베토벤의 통로를 떠올리며 나의 새로운 통로에 대해 곰곰이 생각해 보면 어떨까요?

국악 연주가 송경근

악기 '송훈'

새로운 통로를 찾기 위한 가이드

1. 작게라도 먼저 저질러라

2. 심리적 기대 수익률을 낮춰라

3. 현재의 역량/기술에서 시작하라

4. 실패를 두려워하지 않는 마인드를 가져라

"본래 땅 위에는 길이 없었다. 한 사람이 먼저 가고 걸어가는 사람이 많아
지면 그것이 곧 길이 된다."
– 루쉰의 『고향』 중

여행가 모차르트의
Journey Map

아마데우스는 라틴어로 사랑을 뜻하는 'amare'와 신을 뜻하는 'deus'를 합성한 '신에게 사랑받는 자'라는 의미를 가지고 있습니다. 그의 이름이 설명해 주듯이 모차르트는 신이 사랑하여 천재적 재능을 갖고 태어난 음악가가 되었습니다. 그럼 그의 생애를 돌아보는 여행을 떠나 볼까요?

모차르트의 전체 이름은 '요하네스 크리스톰스 볼프강 아마데우스 모차르트'입니다. 호흡하기도 힘든 긴 이름이 말해 주듯이 그는 아주 오랜 기간 여행을 다녔습니다(모차르트의 35세 생애 중, 무려 10여 년을 여행). 물론 연주를 목적으로 유럽 전역을 돌아다닌 것이지만 이 정도면 여행가로 불리어도 어색하지 않을 것 같습니다. 그는 독일, 오스트리아, 프랑스, 영국, 스위스, 네덜란드 등 여러 나라의 많은 도시들을 돌아다녔는데 그가 6살 무렵 훗날 비운의 왕비가 될 7살의 마리 앙투

아네트 앞에서도 연주를 했습니다.

　이처럼 어린 나이에 연주 여행을 다닌 것은 그의 아버지 레오폴트 모차르트 때문이었습니다. 본인의 생업(레오폴트는 잘츠부르크의 궁정 부악장으로 재직하고 있었으나 아들 모차르트의 장기 공연 로드 매니저 역할 때문에 급여 지급이 중단되자 귀국)을 소홀히 할 정도로 지나치게 아들 교육에 몰입했던 레오폴트는 자신의 음악적 재능이 부족하자 모차르트를 통해 꿈을 이루고자 했던 전형적인 대리 만족형 아버지로 모차르트의 로드매니저 역할을 자처했습니다. 어쩌면 모차르트가 신동(3세에 배우지 않고도 피아노와 바이올린을 연주했고 5세부터 작곡을 했으며 12세에 첫 번째 오페라 작품을 발표하였고 잘츠부르크의 수석연주가가 되었음)으로 불리게 된 것도 이렇게 어릴 적부터 유럽 곳곳을 누비며 그의 연주 실력을 알린 것이 한몫했을 것입니다.

　그가 14세 때 일화입니다. 로마 바티칸에 초청을 받아 시스티나 성당에서 합창곡 〈미제레레 메이 데우스(Miserere Mei Deus)〉라는 곡을 들었는데 이 곡의 길이가 10분이 넘었습니다. 당시 이 곡은 너무나도 아름다워 악보를 유출한 자는 파문한다는 교황청의 칙령이 있어 한정판 미사곡이나 마찬가지였습니다. 그러던 어느 날 악보가 외부로 유출되었는데, 알고 보니 실제 악보가 유출된 것이 아니라 모차르트가 한 번 들은 것을 모두 복기하여 쓴 것이었습니다.

　모차르트는 유년 시절, 여느 아이들처럼 놀지도 못하고 꽤나 피곤한 여정(실제 여정 기간 동안 온 가족이 다양한 풍토병을 앓았음)을 소화해야 했지만 이러한 여정을 통해 여러 유명 음악가들을 만나 새로운 음악을 접하고 작곡과 성악도 배울 수 있었던 것은 후에 그에게 큰 자산이 되었을 것입니다. 런던에 머물 때 바흐의 아들에게 작곡법을 배운 적이 있으며, 유명한 카스트라토 가수였던 지오반니 만추올리(Giovanni Manzuoli)에게 성악을 배웠습니다. 변성기 전까지 종종 교회 행사나 공연에서 보이 소프라노로 활약했는데 이는 모차르트의 기괴한 웃음소리와 관련이 있지 않나 생각해 봅니다(영화 〈아마데우스〉에서 볼 수 있는 모차르트의 기괴한 웃음소리는 그의 실제 웃음소리를 흉내 낸 것으로 알려짐).

모차르트는 그의 음악적 천재성에 가려진 매우 기괴한 습관이 있었는데 그의 편지들과 심지어 그의 곡에도 'Shit(똥)', 'Ass(궁둥이)' 같은 단어가 자주 등장할 정도로 이상한 집착을 보였습니다. 그러한 이유에 대해 여러 설이 난무하나 신빙성 있는 증거는 없으며, 일부 학자들이 강박적 외설증이나 틱장애일 가능성을 제기한 바 있습니다. 다만 이러한 논란과 별개로 특유의 괴팍하고 오만한 성격이 주변에 적을 만들고 사회생활을 어렵게 만든 것은 사실이라고 합니다. 그러다 보니 영화 〈아마데우스〉에서 살리에리의 시기와 질투, 그로 인한 독살설 등이 제기되었으나 이를 뒷받침할 만한 증거는 없습니다.

안토니오 살리에리는 이탈리아 출신으로 모차르트보다 6살 연상이었으며 당시 음악가로서 최고의 지위인 오스트리아 빈의 궁정 음악가였습니다. 이탈리아 출신으로 오스트리아 빈의 궁정 음악가 자리에 있었다는 것 자체가 당대에 인정받는 음악가였다는 것을 입증하기 때문에 독살할 정도의 질투를 느꼈다는 것은 오히려 설득력이 다소 떨어집니다. 다만 모차르트 요절 후, 소문을 바탕으로 만들어진 푸시킨의 희곡 〈모차르트와 살리에리〉(1830년)와 영화의 원작인 피터 셰퍼의 희곡 〈아마데우스〉(1979년)를 통해 독살설이 널리 퍼진 것으로 보입니다.

살리에리 역시 대단한 음악가였으며 음악적 스타일은 모차르트와 사뭇 달랐습니다. 기존의 통념을 깨는 파격을 선보인 모차르트와 달리 살리에리는 기존의 문법에 충실했는데, 그의 곡이 오늘날 잘 알려지지 않은 것은 대중보다는 오스트리아 왕실만을 위한 곡을 썼기 때문일 것입니다. 모차르트(1756년~1791년)는 하이든(1732년~1809년)과 베토벤(1770년~1827년)의 가교 역할을 하는 시대에 음악 활동을 했습니다. 그래서인지 어떤 이는 모차르트를 하이든의 시대에 살면서 베토벤의 시대를 꿈꾼 음악가라고 말했습니다. 모차르트는 왕이나 귀족보다 대중을 위한 작곡을 더 좋아했습니다. 그래서 수많은 오페라 곡을 만들었는데 〈마술 피리〉, 〈피가로의 결혼〉, 〈돈 조바니〉, 〈후궁으로부터의 도주〉 등이 서민들에게 큰 사랑을 얻었습니다.

그는 서민들을 위해 〈마술 피리〉를 이탈리아어가 아닌 독일어로 작곡했습니다. 또한 보마르셰의 희곡을 오페라로 만든 〈피가로의 결혼〉은 사회적 약자인 하인과 여성들이 힘을 모아 귀족을 골탕 먹인다는 내용으로 엄청난 인기를 끌었는데 신분제의 모순을 신랄하게 비판했기 때문에 프랑스에서 3년간 공연이 금지되기도 했습니다. 그의 오페라 대부분은 귀족들에게는 외면을, 서민들에게는 큰 환호를 받았습니다. 이는 훗날 베토벤이 음악의 대중화를 이끌 수 있는 토대가 되었습니다.

모차르트 여행 명소

모차르트는 베토벤과 함께 여행지의 명소 개념을 전파한 작곡가로 유명합니다.
우선, 독일의 잘츠부르크는 모차르트의 출생지로 '모차르트의 고향'이란 타이틀을
붙여 매년 수많은 관광객을 유치하고 있습니다. 국제 모차르트 재단 본부와 모차
르테움(Mozarteum)이란 음악 대학도 잘츠부르크에 있습니다. 예전에 잘츠부르크
가 동계올림픽 유치를 신청한 적이 있었는데 그때 슬로건이 '모차르트의 고향'이었
습니다. 독일과 오스트리아를 여행하다 보면 모차르트가 남긴 것이 비단 음악뿐
이 아니란 것을 알 수 있습니다. 모차르트 치즈, 모차르트 초콜릿, 모차르트 향수,
모차르트 술 등 참 많습니다. 특히 잘츠부르크에는 '모차르트 초콜릿' 또는 '모차르
트 봉봉'이라고 불리는 모차르트쿠겔이 유명합니다.

모차르트에 대한 관광 지분(?)을 차지한 또 하나의 도시가 바로 체코의 프라하입니
다. 모차르트가 잠시라도 머물렀던 곳은 거의 박물관이나 관광지가 되었을 정도입
니다. 실제로 모차르트는 생애 후반부 프라하에서 큰 사랑을 받았고 오페라 돈 조
바니가 이곳에서 초연되었습니다. 영화 〈아마데우스〉도 대부분 프라하에서 촬영
되었습니다. 다음은 오스트리아의 빈입니다. 빈은 다른 도시들에 비해 다소 여유롭
게 모차르트를 홍보하는 곳입니다. 왜냐하면 모차르트 외에도 베토벤, 슈베르트라
는 걸출한 음악가들이 이곳에서 음악의 꽃을 피웠기 때문입니다. 당시 오스트리아
는 합스부르크 왕가의 번영으로 경제와 문화가 발전하면서 많은 음악가들이 빈에
서 활동했습니다. 그가 잘츠부르크 궁정 악사를 그만두고 본격적인 명성을 얻기 시
작한 곳도 빈이었습니다. 빈의 쉰브룬 궁전은 모차르트가 6살 때 데뷔한 연주 장소
이며 슈테판 대성당은 모차르트가 결혼식을 올린 장소이자 장례식이 처러진 곳입
니다. 슈테판 대성당 뒤편에는 그가 잠시 살았던 '모차르트 하우스'(현재는 박물관)
가 있습니다. 그의 묘지는 성 마르크스 공동 묘지에 묻혔는데 아직까지도 정확한
위치는 밝혀지지 않았습니다. 모차르트는 사인이 불분명한 전염병으로 35세의 젊
은 나이에 갑작스런 죽음을 맞이했는데 당시 전염병으로 인한 사망자는 개인 매장
이 허용되지 않았고 묘지도 제대로 관리되지 않았기 때문입니다.

한편, 독일의 로텐부르크에서도 해마다 모차르트 음악회가 열리는데 사실 이곳은
모차르트와의 인연을 내세우기 다소 궁색하기 그지없습니다. 어느 날 모차르트가
여행 중 마차의 말을 교체하기 위해 커피 한 잔을 마신 곳으로 인연을 내세웠기
때문입니다.

서비스 디자인 분야에서 주로 사용하는 여정 지도(Journey Map)라는 것이 있습니다. 이것은 고객이 서비스를 경험하는 과정을 정의하고, 고객 체험을 체계적으로 시각화한 것으로서 다음의 같이 작성합니다.

여정 지도(Journey Map) 작성 방법

① Persona가 서비스를 사용하면서 겪게 되는 경험을 순서대로 기록한다
② 각 경험별 사용자와 서비스 간 접점(Touch Point)을 작성한다
③ 경험의 단계별 고객이 서비스 이용 시 느끼는 감정의 수준을 Journey Map
   에 표현한다
④ 고객의 감정에 대응되는 Pain Points/Needs를 작성한다
⑤ 각 단계가 적절한지 검증해 본다(순서 재배치/단계 확장 및 축소/새로운 단
   계 추가)

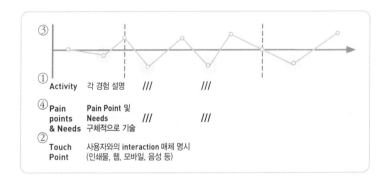

여정 지도의 용도는 고객의 총체적 서비스 경험을 시각화함으로써 현재 상품/서비스의 문제점을 발견하고 향후 새로운 사업 기회를 찾기 위한 것입니다.

지금까지 모차르트의 짧지만 아주 굵은 인생 여정을 살펴보았습니다. 모차르트가 죽기 전 작곡한 레퀴엠(라틴어로 안식이란 뜻이며 죽은 이의 넋을 달래는 진혼곡)이 미완의 곡이듯, 우리의 인생도 여전히 채워야 할 것이 많은 미생입니다. 지금부터 나의 여정 지도를 통해 현재 모습의 부족한 점(As-Is/ Pain-points)을 분석하고 미래의 모습(To-Be Journey Map)을 위해 노력해야 할 것들이 무엇인지 찾아보면 어떨까요?

바이올린과 상품수명주기

브랜드를 만드는 것만큼 중요한 것은 그 브랜드를 유지하고 관리하는 것입니다.

세계적인 악기 명품 브랜드로 '스트라디바리(Stradivari)'와 '과르네리(Guarneri)'가 있습니다. 일반적으로 바이올린의 몸통은 소나무과인 가문비 나무로 만들어지는데 당시 이탈리아에 수년간 혹한이 닥치는 바람에 나무가 천천히 자랐고 그래서 촘촘해져 그 시기 만들어진 악기가 더 좋은 소리를 낼 수 있었다고 합니다.

대부분의 현악기 이름은 악기를 만든 장인의 이름을 본떠서 짓습니다. 현존하는 바이올린은 이전 소유자의 이름을 따서 '파가니니', '뷔탄', '비오티', '슈브와' 등으로 불립니다. 스트라디바리는 이탈리아의 안토니오 스트라디바리가 1700년경 만든 것으로 바이올린에 그의 이름이 새겨져 있으며 생전에 약 1,100여 대를 제작했으나 현재 약 600

대(바이올린 540대, 첼로 50대, 비올라 12대로 실제 연주에 사용하는 것은 약 50대)가 남아 있다고 합니다.

　바이올리니스트 핀커스 주커만은 '스트라디바리'에 손을 대는 순간 온몸에 전율을 느꼈다고 했습니다. 스트라디바리 중 '레드 바이올린'(한때 전설의 바이올리니스트 '요제프 요아힘'이 소유)이 있는데 200년간 자취를 감췄다가 1930년경 베를린에서 발견되었습니다. 이에 작곡가 멘델스존의 후손이 그것을 구입했고 1990년 런던 크리스티 경매에서 한 바이올리니스트가 약 20억 원에 구입했습니다. 실제 레드 바이올린 소유자의 운명을 다룬 〈레드 바이올린〉이란 영화가 만들어지기도 했습니다. 한편, 스트라디바리 중 '레이디 블런트'(1721년산)'는 2011년 경매

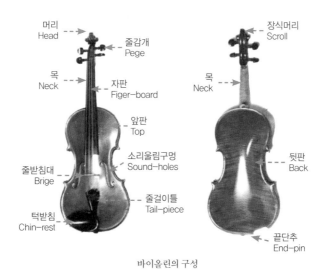

머리
Head

줄감개
Pege

목
Neck

자판
Figer-board

앞판
Top

소리울림구멍
Sound-holes

줄받침대
Brige

줄걸이틀
Tail-piece

턱받침
Chin-rest

장식머리
Scroll

목
Neck

뒷판
Back

끝단추
End-pin

바이올린의 구성

에서 한화로 약 172억 원에 낙찰된 바 있습니다.

과르네리는 이탈리아의 과르네리 가문에서 제작한 것으로 전 세계에 120대가 있습니다. 특히 과르네리 가문의 주세페 과르네리가 1730년경에 제작한 것을 과르네리 델 제수라 부르며 I.H.S라는 글자가 새겨져 있는데 이는 'Iesus Hominum Salvator(인류의 구원자 예수)'라는 뜻입니다. 우리나라의 바이올리니스트 사라 장이 이 악기를 가지고 있는데 그녀의 스승이었던 미국의 아이작 스턴이 12대의 스트라디바리와 4대의 과르네리를 구해 사라 장으로 하여금 블라인드를 테스트를 하게 했고 그때 사라 장이 선택한 것이 바로 주세페 과르네리 델 제수였다고 합니다.

현존하는 '과르네리 델 제수' 중 최고로 꼽히는 것은 니콜로 파가니니(1782년~1840년, 악마에게 영혼을 팔아 바이올린 연주 실력을 얻었다는 소문이 돌 정도의 지존)가 연주했던 것으로 카논(큰 소리가 난다고 하여 붙여진 별명)이라는 바이올린입니다. 현재 파가니니의 유언에 따라 이탈리아 제노바 시청에 보관 중이며, 프레미오 파가니니 콩쿠르 우승자에게만 딱 하루 연주 기회가 주어집니다.

일반적으로 명연주자들의 손을 거친 악기들은 더 높은 가치를 인정받는데 이는 명연주자들의 손을 거치며 악기의 소리가 잘 다듬어지기 때문입니다. 또한 목재의 수분이 다 말라야 충분한 울림을 가질 수 있기 때문에 심지어 제작된 지 100년이 지나야 훌륭한 소리를 내는 바이올린도 있습니다.

브랜드라는 것이 그렇습니다. 최초에 기업/상품/서비스 브랜드를 잘 만드는 것도 중요하지만 어떻게 관리하느냐에 따라 장수 브랜드가 되기도 하고 금방 사장되기도 합니다.

크레모나(이탈리아의 북부 도시로 악기 제작으로 유명한 아마티 가문과 그들의 문하생이었던 스트라디바리, 과르네리를 배출한 도시)의 현악기 박물관에는 소장 악기들을 활로 켜서 단련시키는 직업을 가진 사람이 있습니다. 브랜드 관리자도 마찬가지입니다. 브랜드 관리자는 상품수명주기(Product Life Cycle), 즉 도입기·성장기·성숙기·쇠퇴기를 거쳐 폐기될 때까지의 각 시기마다 적절한 마케팅 활동을 통해 브랜드에 생명을 불어넣어야 하고, 에너지와 완숙미를 부여해야 하며, 소임을 마치면 안식을 주고 새로운 브랜드를 개발해야 합니다.

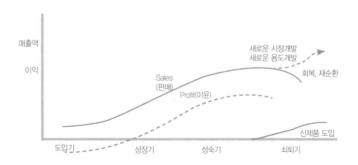

PLC(Product Life Cycle)

〈 PLC에 따른 기업 활동〉

	도입기(Introduction)	성장기(Growth)	성숙기(Maturity)	쇠퇴(Decline)
매출액	낮음	폭발적 증가	극대화	감소
이익	인프라 투자 및 마케팅 비용 증가로 적자	판매 증가에 따른 단위당 원가 감소로 이익 증가	이익 증가율 정체	이익 급감
공급량	공급량 초과	공급량 부족	공급량 극대치	공급량 초과/ 유휴 생산 설비 발생
경쟁 구조	경쟁 상품 수 적음	경쟁 상품 대거 진입	치열한 경쟁으로 인한 가격 경쟁	시장 철수
소비자 특성	혁신 수용층 (Innovators)	조기 수용층 (Early Adoptors)	중기 다수 수용층 (Majority)	최종 수용층 (Laggards)
마케팅 목표	시장 크기 확대	상품 경쟁력 확보	고객 유지 (Retention), Churn in/out	마케팅 활동 최소화/ 신제품 개발

바딤 레핀(러시아의 바이올리니스트)은 "스트라디바리는 노래를 부르고 과리네리는 말을 한다."고 했으며, 프랑크 페터 침머만(독일의 바이올리니스트)은 "스트라디바리가 비단 같다면 과리네리는 흙"이라고 했습니다. 스트라디바리와 과리네리는 둘 다 명품 브랜드이면서 차별적 가치를 지닙니다. 아울러, 이 세상 그 어떤 브랜드보다 영원 불멸의 명성(Reputation)을 가지고 있습니다.

명품 인생도 하루 아침에 만들어지는 것이 아닙니다. 명품 바이올린이 오랜 세월 동안 명연주가들의 손을 거쳐 좋은 소리를 낼 수 있었듯이, 쉼 없이 바른 생각과 바른 행동을 거쳐 인생을 연주해 나갈 때

비로소 명품 인생이 되는 듯합니다. 나만의 명품 브랜드를 만들고 유지하기 위해서 우리는 얼마나 노력해야 할까요?

치고이너바이젠의 작곡가이자 비브라토 연주의 대가로 알려진 스페인의 바이올리니스트, 파블로 데 사라사테(Pablo de Sarasate)는 이렇게 말했습니다.

> *"37년간 하루도 빠짐없이 14시간씩 연습했는데, 사람들은 나를 천재라 부른다."*

스타벅스 브랜드는 어떻게 만들어졌을까?

1971년 미국 시애틀의 작은 커피 가게에서 시작한 스타벅스는 3명의 공동 창업자가 H. 멜빌의 소설『모비딕』의 주인공인 스타벅 선장의 이름을 따서 지은 브랜드입니다.

지휘자 카라얀과 표준화

베를린 필은 상임지휘자였던 빌헬름 푸르트뱅글러(Wilhelm Furtwangler)의 뒤를 이어, 헤르베르트 폰 카라얀(Herbert von Karajan)을 종신 지휘자로 영입하였습니다.

카라얀은 오케스트라를 이끄는 과정에서 단원들로부터 독재자라는 평과 나치당에 입당했던 전력으로 지탄을 받았으나 그가 이루어 낸 음악적 성과만큼은 대단합니다. 또한 2억 장가량의 음반 판매량이 말해 주듯 대중적인 인지도도 매우 높았습니다. 그는 작은 키에 대한 콤플렉스 때문에 이미지 관리에도 신경을 많이 썼는데 허리 아래 촬영을 못 하게 하여 그의 멋진 지휘 모습은 대부분 상반신 위주의 사진들입니다.

위대한 성악가 조수미와도 특별한 인연을 가지고 있습니다. 일찍이 어린 이방인, 조수미의 잠재력을 발견하고 그녀를 중용했으며 "조

지휘자 헤르베르트 폰 카라얀

수미의 목소리는 신이 주신 최상의 선물이다. 이는 조수미 자신뿐 아니라 인류의 자산이다."라고 할 정도로 그녀를 향한 극찬을 아끼지 않았습니다.

카라얀과 관련한 재미있는 일화가 있습니다. 지금처럼 디지털 음원을 통해 음악을 듣는 시대 이전에 CD(Compact Disk)라는 장치가 있었습니다. 대부분 음악이나 영화를 저장하는 용도로 쓰였는데 지금은 USB와 스트리밍 서비스로 사라진 골동품이 되어 버렸습니다. 그럼 CD 용량은 어떻게 결정되었을까요?

최초의 상용화 CD는 1982년 필립스와 소니가 공동 개발하였는데 외관의 지름은 12㎝, 저장 용량은 680Mbyte로 74분 2초 분량의 음악을 담을 수 있습니다. 이때 표준으로 결정된 저장 용량은 카라얀이 지휘한 베를린 필 하모닉의 베토벤 9번 교향곡 연주 길이(74분 2초)와 정확히 일치합니다. 이는 최초의 상용화 CD가 음악 용도로 개발

되었기 때문에 기업의 자문 요청을 받은 카라얀이 베토벤 9번 교향곡 정도는 담을 수 있어야 한다고 답변했고, 당시 소니의 오가 노리오 회장(성악가이자 지휘자 출신의 CEO)이 카라얀이 지휘한 베토벤 9번 교향곡 연주 시간을 표준으로 삼은 것입니다(교향곡의 경우 같은 곡이라도 지휘자의 곡 해석에 따라 전체 연주 시간의 차이 발생).

조선 시대, 암행어사는 유척을 가지고 다녔습니다. 유척은 마패와 더불어 왕이 하사한 암행어사의 상징입니다. 유척이란 암행어사가 현장에서 지방 관료들의 부정부패를 감찰하기 위한 측정 도구로 20㎝ 남짓한 놋쇠 막대입니다. 이는 두 가지 쓰임새를 가지고 있습니다. 첫째, 당시 지방 관료들이 구휼미(재난을 당한 사람이나 빈민들에게 주는 쌀)를 줄 때 정량보다 작은 쌀 됫박을 사용하고, 군포(조선 시대 병역 면제의 대가로 받는 베)를 거둘 때는 정량보다 큰 용기를 써서 백성들로부터 재물을 갈취하는 일이 만연해지자 이를 조사하기 위한 것이며 둘째, 나라에서 정한 규격을 무시한 형구로 지나친 형벌을 가하지 않는지를 판단하는 것이었습니다. 유척은 시대의 표준을 담은 자그마한 막대이자 부정부패를 척결하기 위한 의지의 상징이었습니다.

한편, 세종 대왕은 저울을 조작하여 백성들을 속이는 나쁜 상인들을 없애기 위해 이들에 대한 처벌 대신 정확한 저울을 많이 만들어 저렴한 가격으로 유통하게 하였습니다. 그러자 백성들이 저울을 구입해 사기꾼 곡물상과 거래를 중단하게 되었고, 나쁜 곡물상들은 자연 도태되었습니다.

역사 속 표준 이야기

학창 시절 역사 과목의 단골 시험 문제 중 하나가 '도량형 통일'이었습니다. 기원 전 221년 최초로 중국을 통일한 진시황이 가장 먼저 한 일은 무엇이었을까요? 바로 도량형 통일입니다. 여러 개의 나라를 하나의 거대한 나라로 합치고 통제를 해야 하기 때문에 어디서나 똑같은 척도가 필요했던 것입니다. 서양은 나폴레옹이 미터법을 공표함으로써 도량형 통일의 기틀을 마련했습니다. 나폴레옹의 도량형 통일 이전 유럽은 수만 가지의 측정 단위가 존재하여 매우 혼란스러웠기 때문입니다.

그런데 오늘날 영국과 미국의 측정 단위(Mile, Feet, Inch 등)는 대부분의 나라들과 사뭇 다릅니다. 왜 그들은 세계와 다른 측정 단위를 사용할까요? 나폴레옹이 유럽 중 유일하게 정복하지 못했던 나라가 바로 영국이기 때문입니다. 따라서 나폴레옹이 통일한 도량형이 영국에까지 미치지 못했고 영국으로부터 독립한 미국도 마찬가지였던 것입니다. 사실 나폴레옹은 어려서부터 유독 수학 문제 풀기를 좋아했고 실제 포병 부대에서 포의 사거리를 정확히 계산해 독일군을 물리친 일화 등 수학에 대한 사랑이 남달랐는데 이는 훗날 도량형 통일의 토대가 되기도 했습니다. 우리나라는 갑오 개혁(1894년) 때 도량형을 통일했습니다.

• 국제 단위계(SI, The International System of Units)

한국표준과학연구원

미터법을 기준으로 확립한 국제 도량형 체계. SI의 기본 단위를 초(s, 시간), 미터(m, 길이), 킬로그램(kg, 질량), 암페어(A, 전류), 켈빈(K, 온도), 몰(mol, 물질의 양), 칸델라(cd, 광도)로 구성(2018년 11월 16일 국제도량형총회 결정).

표준화는 기업 입장에서도 중요한 요소입니다. 기업의 입장에서 표준화는 두 가지 의미를 가집니다.

첫째, 서비스 표준화입니다. 서비스 표준화는 업무 프로세스 맵(Business Process Map)에 따른 명확한 조직 R&R(Role & Responsibility)을 정의하고 이에 따른 효율적인 의사 소통과 서비스 품질을 균일하게 유지함으로써 고객의 신뢰를 확보할 수 있게 만듭니다. 스타벅스, 맥도날드 등 유명 프랜차이즈의 서비스가 생존할 수 있는 이유입니다.

둘째, 기술의 표준화입니다. 기업은 자사의 기술 방식으로 시장이 표준화되어야 리더십을 가질 수 있습니다. 과거 소니와 마쓰시타가 벌인 비디오테이프 포맷 전쟁을 기억하시나요? 소니는 화질은 좋지만 녹화 분량이 적은 베타맥스 방식을, 마쓰시타는 화질은 안 좋지만 녹화 분량이 많은 VHS 방식을 채택하여 시장에서 겨루었으나 결국 VHS가 승리를 거두었습니다. 폐쇄적 포맷인 베타맥스 방식보다 개방적 포맷인 VHS 방식이 시장 확산과 표준화에 용이했으며 소비자도 화질보다 영화 대여 니즈가 더 강했기 때문입니다(당시, 소니는 긴 용량을 필요로 하는 영화 테이프 대여 시장의 성장보다 소비자들이 집에서 좋아하는 TV 프로그램을 VCR로 녹화하여 시청하는 시장의 성장에 더 집중). 물론 한때 동네 비디오테이프 대여 가게가 호황을 이루던 시기의 이야기입니다. 지금은 넷플릭스나 IPTV로 쉽게 스트리밍 서비스를 받을 수 있어 비디오 플레이어와 비디오테이프 대여 가게는 사라졌습니다.

또한, 한때 3G 기술로 KT와 SK텔레콤이 채택한 WCDMA 방식과

LG유플러스가 채택한 Revision A 방식이 경쟁을 한 적이 있었습니다. Revision A 방식은 자금력이 부족한 3위 사업자가 선택할 수 있는 전략으로2.5G 정도의 기술 방식입니다. 그런데 표준화 측면에서 보면, KT와 SKT가 USIM Lock 해제로 인한 단말기 이동(USIM만 교체하면 현재 쓰던 휴대폰 그대로 타사로 이동하여 서비스를 받을 수 있음)이 자유로웠던 반면, LG유플러스는 타사와의 호환이 불가능해 고객들에게 단말기 이동 서비스를 제공할 수 없었습니다. 시장 우위 사업자 입장에서 폐쇄성은 차별화 또는 이탈 방지 요인이 될 수 있으나 시장 열위 사업자 입장에서 폐쇄성은 자칫하면 가입자를 잃을 수 있는 위험 요인입니다. 현재 미국과 중국이 21세기의 패권을 놓고 치열하게 기술 전쟁을 벌이고 있습니다. 그중 하나가 5G 기술의 표준입니다.

최근 IT 분야에서 오픈 소스(Open Source) 개념의 소프트웨어가 대세입니다. 레드햇(Redhat)은 기업용 오픈소스 소프트웨어를 개발하여 무상으로 제공하고 대신 이에 대한 유지 보수를 통해 수익을 창출하는 사업 모델로 큰 성공을 거두고 있습니다. 사실 오픈소스 기술이 처음 등장했을 때, 소스 코드가 공개되면 누구나 무료로 가져다 쓸 수 있는 소프트웨어가 사업성이 있을 것이라고 생각한 사람은 거의 없었습니다. 하지만 기술 공개를 통해 시장에 널리 확산하여 표준화로 자리매김한 것이 성공의 요인이었습니다.

이상의 사례에서 알 수 있듯이 기술 전쟁은 곧 표준화 전쟁이기도 합니다. 우리는 일상에서 종종 표준화 문제에 부딪히곤 합니다. 그것은 기술 발전을 통해 기존보다 더 향상된 기능을 제공하기 위한 경우도 있지만 그렇지 않은 경우도 꽤 있습니다. 스마트폰을 충전할 때, 노트북을 충전할 때, 다양한 용도의 외부 장치를 연결할 때, 각 제조사에 맞는 슬롯과 잭이 필요합니다. 그래서 기존과 달라진 연결 장치로 인해 이전의 것들은 무용지물이 되는 경우가 많습니다.

우리나라 민속놀이 중에 널뛰기가 있습니다. 널뛰기는 내가 더 높이 뛰기 위해서는 남을 더 높이 뛰게 만들어 주어야 합니다. 카라얀에 의해 CD 용량의 표준이 정해졌던 것처럼 소비자 불편과 불필요한 사회적 비용을 줄일 수 있는 방향으로의 표준화가 필요합니다. 경쟁의 또 다른 이름은 바로 상생의 표준화입니다. 나의 일상에서 표준화를 통해 불필요한 시간과 자원의 낭비를 줄일 수 있는 것들은 무엇일까요?

"제국은 순간이지만 미터법(표준화)은 영원할 것이다."
 – 나폴레옹

소리 굽쇠의 인생 역전

가끔 인생 역전의 주인공들을 봅니다. 어려운 환경을 딛고 크게 성공하거나 운 좋게 로또에 당첨된 이들은 모두의 부러움의 대상입니다. 악기에도 그런 것이 있습니다. 바로 소리 굽쇠(Tuning Fork)입니다. 소리 굽쇠는 현악기의 음을 조율해 주는 보조기구로서 바이올린, 첼로, 기타 등 울림통이 있는 악기의 앞 몸통에 갖다 대면 공명 효과로 음이 증폭되어 크게 들리도록 해 줍니다.

독일의 비트너(Wittner)는 1895년부터 소리 굽쇠와 메트로놈을 만들고 있는 기업입니다. 오랜 역사와 명성으로 시장 지위도 확고했습니다. 그런 비트너가 유일하게 후원한 음악가가 있었습니다. 1인 공연을 하는 바이올리니스트 티그너입니다. 어느 날 티그너는 소리 굽쇠를 가지고 놀다 엠프를 켜 놓은 상태에서 그것을 바이올린에 접촉했습니다. 그러자 소리 굽쇠의 공명과 바이올린의 부드러운 음색이 만

소리 굽쇠 (Tuning Fork)

나 신비로운 소리를 내었습니다. 그는 트라이앵글과 바이올린에 소리 굽쇠를 부딪히거나 밀착해 연주했고, 이 음악을 비트너에 보내 후원을 요청했습니다.

그럼 비트너는 왜 티그너를 후원했을까요? 비트너의 소리 굽쇠와 메트로놈은 굳이 마케팅을 하지 않아도 시장에서 잘 팔렸는데 말이죠. 비트너가 티그너를 후원한 이유는 액세서리에 불과한 소리 굽쇠를 주인공으로 만들었기 때문입니다. 한 가지 소리만 내던 금속 막대가 바이올린을 만나 멜로디 공명을 일으키면서 늘 무대 뒤에서만 쓰이던 소리 굽쇠가 스포트라이트를 받게 된 것입니다. 후원을 받은 티그너는 소리 굽쇠를 이용한 앨범 'Along A Vanishing Plane'을 발표하여 클래식 음악에 새로운 지평을 열었다는 평가도 받았습니다.

기업에도 그런 상품과 서비스들이 있습니다. 인형, 면도기, 게임, 호텔, 신용카드 등이 이에 해당합니다. 바비 인형의 경우 인형이 주력 상품 같지만 기업 입장에서는 인형을 위한 액세서리, 즉 옷이나 가방, 신발, 주얼리 판매를 통한 수익이 훨씬 큽니다. 면도기도 면도날 교체에 따른 수익 비중이 높습니다. 게임은 어떤가요? 모바일 게임의 경우, 이용자들이 게임 소프트웨어는 얼마든지 무료로 다운로드할 수 있으며 기본 게임이 가능하지만 결국, 게임 아이템을 구매해야 레벨 업이 가능합니다.

이처럼 기업은 겉으로 보이는 핵심 상품을 무료 또는 저렴하게 판매하고 보조 상품을 통해 소비자로 하여금 반복 재구매를 유도하는 것입니다. 호텔 업종의 경우 주 업종은 숙박이지만 숙박으로 인한 매출보다 뷔페 식당, 카페, 라운지 바 등 식음료 수익 비중이 더 높으며 신용카드 업종의 경우, 결제 수수료보다 대출 이자에 따른 수익이 높습니다.

영화에서도 조연이 주연의 인기를 넘는 경우를 종종 볼 수 있습니다. 그리고 어느새 주연이 되어 있기도 합니다. 살다 보면 내가 주인공이 아닌 누군가를 위한 조연이 되어야 할 때도 있습니다. 바비 인형을 빛나게 하는 여러 액세서리처럼 자녀를 위한 조연, 사랑하는 사람을 위한 조연, 우정을 위한 조연, 사회를 위한 조연, 그러한 값진 조연이 있었기에 내가 진짜 주인공이 될 수 있는 것입니다. 지금 나는 누구를 위한 조연인가요?

바비 인형의 빛과 그림자

어느덧 탄생 반세기를 넘어선 바비(Barbie). 그녀는 아직까지도 전 세계 소녀들과 성인 여성들의 사랑을 받고 있는 한편, 비현실적으로 마른 몸매와 성적 코드를 강조한 외모, 그리고 백인 우월 인식 문제로 논란을 일으키고 있습니다. '바비'란 이름은 1945년 미국 장난감 회사 마텔(Mattel)을 설립한 루스와 엘리엇 핸들러

www.mattel.com

부부의 딸 이름 '바바라'에서 따온 것입니다. 바바라의 엄마는 딸이 친구와 종이 인형을 가지고 노는 모습을 유심히 지켜보다 어린 여자아이들이 인형으로 청소년이나 어른 행세를 하는 놀이를 즐긴다는 사실을 발견했습니다. 그녀는 아이들이 어른이 되었을 때의 모습을 상상하며 가지고 놀 인형이 필요하다고 생각했습니다.

바비의 인기가 50여 년을 지속한 것은 인형의 다채로운 직업도 한몫했습니다. 바비는 패션 모델이라는 첫 직업을 시작으로 의사, 우주 비행사, 간호사, 선생님, 대통령 등 무려 130개 이상의 직업을 패션과 스토리로 구현해 내는 등 시대의 변화를 고스란히 반영했습니다. 최근 유색 인종과 장애인 인형을 제작하며 다양성 차원의 노력도 기울이고 있습니다. 최근 몇몇 글로벌 기업들은 최고 다양성 관리자(CDO: Chief Diversity Officer)라는 직책을 만들어 성별 인종 측면의 사회적 약자와 소수자들이 차별 없이 고용과 서비스를 받을 수 있도록 노력하고 있습니다.

바비를 둘러싼 가장 큰 논란은 늘 외모에 있었습니다. 바비는 아이들을 위한 인형이라고 하기엔 너무나 성적인 매력이 강조되었습니다. 특히 175㎝의 어른을 6분의 1 규모로 축소해 만든 바비 인형은 사람으로 치면 가슴 36인치, 허리 18인치, 엉덩이 33인치의 아주 비현실적인 몸매를 가졌는데 이는 당시의 미국 10대 평균치와 비교할 때 약 22%의 살이 없어져야 가능한 것이었습니다. 또한, 유색 인형이 부재했던 비판을 의식해 흑인 인형을 만들었으나 피부만 검게 하고 흑인 고유의 외모적 특성을 전혀 반영하지 않아 논란이 되었습니다. 최근, 바비 인형의 제조사인 마텔은 'BTS(방탄소년단) 패션 돌'을 출시한 바 있는데 이 역시 백인으로 보이는 피부색으로 만들어져 다소 아쉬움을 남겼습니다.

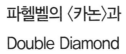

파헬벨의 〈카논〉과
Double Diamond

요한 파헬벨(Johann Pachelbel)은 바로크 초기의 음악가로서 바흐 형의 스승이었고 바흐의 음악 성향에도 영향을 미친 것으로 알려져 있습니다. 그는 단순하면서도 아름다운 화음을 잘 만들었는데 〈카논〉이 그 대표적 예입니다. 파헬벨의 〈카논〉은 클래식이면서도 〈엽기적인 그녀〉, 〈클래식〉 등 많은 영화의 삽입곡과 조지 윈스턴의 〈카논 변주곡〉을 통해 대중에게 매우 잘 알려졌습니다. 원래 정확한 이름은 '세 대의 바이올린과 바소콘티뉴(basso continuo, 통주 저음)를 위한 카논과 지그 라장조'인데 우리가 그냥 줄여서 〈카논〉이라고 부르는 것입니다. 사실, 〈카논〉 곡의 가장 큰 특징은 제1 바이올린이 주선율을 연주하고 나머지 2대의 바이올린이 주선율을 뒤쫓아 가며 따라 하는 돌림노래라는 점입니다. 베이스 파트는 동일한 2마디를 계속 반복하는데 이를 바소 오스티나토(basso ostinato, 어떤 일정한 음을 같은 성부에서 같은 음높이로 계속 되풀이하여 다양한 변주가 펼쳐지는 기법)라고 합니다. 수많은 음악가들이 카논을 변주곡으로 연주하는 이유도 여기에 있습니다. 처음 듣는 데도 참 편하게 들리지 않았나요? 어찌 보면 오늘날 히트 가요의 필수 요소처럼 여기지는 후크 송(Hook Song)과 마찬가지입니다. 듣기 편하고 따라 하기 쉬운 파트가 계속 반복되어 우리 귀와 뇌에 잔상을 남기는 것입니다.

상품(서비스) 기획을 할 때도 〈카논〉 곡처럼 반복적인 프로세스가 필요합니다. 전략적 혁신 과제를 수행하거나 서비스 디자인에 활용되는 것으로 더블 다이아몬드 방법이 있습니다.

〈더블 다이아몬드 방법〉

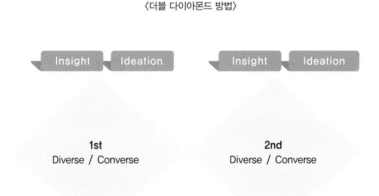

문제를 발견하고, 재정의하고, 해결하는 과정에 대해 발산과 수렴을 반복(iteration)해서 2회 수행하며 필요시 추가 반복할 수도 있습니다. 발산은 아이디어의 전개 과정에서, 수렴은 아이디어의 정제 과정에서 사용합니다. 처음에는 아이디어가 많고 다양할수록 좋습니다. 그렇게 되려면 아이디어를 발산할 때 아무리 엉뚱한 것이라도 비판해선 안 됩니다. 이렇게 발산한 아이디어들은 갤러리 투표(아이디어를 소개받은 참가자들의 선호도 조사)를 통해 몇 개의 아이디어 덩어리로 정리할 수 있습니다. 여기까지가 첫 번째 발산과 수렴입니다. 두 번째 단계에서는 앞서 선택된 아이디어 덩어리를 다시 풀어 헤쳐야 합니다. 왜냐하면 공통으로 묶인 아이디어를 더 발전시켜야 하기 때문입니다. 그리고 다시 이를 정교화하기 위해 수렴 과정을 거치면 됩니다.

　인간의 역사도 반복의 역사입니다. 인간의 실수와 잘못은 수천 년을 거쳐 무한 반복되고 있기 때문입니다. 그리스 신화 속 하데스(Hades)는 시시포스(Sisyphus)에게 무거운 바위를 산 꼭대기까지 운반하는 형벌을 내립니다. 그런데 그 바위는 정상에 다다르는 순간 다시 아래로 굴러떨어지고 시시포스는 영원히 그러한 노동을 반복해야 했습니다. 하데스는 무의미한 노동이야말로 가장 큰 고통이라고 여긴 것 같습니다. 이러한 신화를 모티브로 만들어진 영화들도 있습니다. 〈트라이앵글〉은 한 아이의 엄마가 겪는 끔찍한 무한 반복 장면을, 〈닥터 스트레인지〉는 주인공이 도르마무와 싸우는 무한 반복 장면을 통해 시시포스의 형벌을 암시하고 있습니다.

　한편, 프랑스 실존주의 작가이자 사상가인 알베르토 까뮈는 그의 에세이 『시지프의 신화』를 통해 무위(無爲) 행동이 단지 허무가 아니라 삶의 참된 고뇌임을 역설하기도 했습니다.

　클래식 카논 속 멜로디의 반복은 인간의 마음을 따뜻하게 어루만져 주고, 더블 다이아몬드 방법론의 발산과 수렴의 반복은 문제를 해결하기 위한 것일진대, 인류의 역사적 과오는 도대체 무엇을 위해 무한 반복되고 있는 것일까요? 인간은 과연 그러한 루틴 속에서 벗어날 수 있을까요? 우리 삶 자체가 결코 하데스 신의 형벌은 아니길 바랍니다. 내 삶 속 무한 반복적인 시시포스의 형벌은 무엇인가요?

TV 오디션 프로그램과
경영의 변천사

한때, 방송사마다 경쟁적으로 가수 오디션 프로그램들을 만든 적이 있었습니다. 지상파 3사는 물론이고 케이블 방송사, 종편까지 그동안 방영된 오디션 프로그램이 수십 개에 달했습니다. 이러한 오디션 프로그램들은 오디션을 통한 '공정한 경쟁과 숨은 진주 찾기'라는 핵심 가치를 그대로 유지한 채, 프로그램의 포맷을 변형하여 새로운 즐거움을 창출해 냈고 큰 인기를 얻었습니다.

〈오디션 프로그램의 유형〉

구분	유형	프로그램 명
참가 대상	일반인	슈퍼스타K, K팝스타, 보이스 오브 코리아, 위대한 탄생, 히든싱어
	가수	나가수, 복면가왕, 불후의 명곡
	일반인+가수	판타스틱 듀오, 듀엣 가요제, 신의 목소리
	가수+가수	더 히트

	락	Top 밴드
	힙합	쇼미더 머니
	트롯	미스 트롯
노래 유형	뮤지컬	캐스팅 콜
	클래식 음악	팬텀싱어
	동요	위키드, 보이스 키즈
	대중음악+클래식 음악	슈퍼 밴드
솔로/팀	솔로	상기 다수 프로그램
	팀	팬텀 싱어, 슈퍼 밴드, 프로듀스 101
블라인드	–	히든 싱어, 보이스 오브 코리아

오디션 프로그램은 2009년 슈스케(슈퍼스타K)를 시작으로 순수 일반인 대상의 포맷이 주류를 이루었고, 나가수(나는 가수다) 같은 전문 가수들 대상의 2세대 포맷, 판듀(판타스틱 듀오)처럼 순수 일반인+가수의 조합 포맷으로 진화해 왔습니다. 음악 유형도 K팝에서, 클래식과 트롯까지 다양한 관점을 보여 왔습니다. 즉, 시기별 트랜드에 따라 기준이 달라지는 것입니다.

과거 페르시아를 지배했던 카자르 왕조에 당대 최고의 미녀, 타지에스 살타네 공주가 있었습니다. 그녀의 아름다운 외모를 보기 위해 수많은 인파가 몰렸고, 많은 남자들이 청혼을 했는데 이 중 청혼을 거절당한 일부는 자살까지 할 정도였습니다. 그런데 당시 그녀의 외모는 오늘날 미인들과 사뭇 달랐습니다. 그녀의 얼굴은 둥글넓적했으며 체형은 뚱뚱했고 심지어 콧수염까지 자라서 흡사 남성의 외모에 가까웠습니다. 사실 미의 기준은 시대를 지나며 변화를 거듭해 왔습니다. 당시 페르시아에서 최고의 미는 타지 에스 살타네 공주에 가까웠습니다. 물론 오늘날에도 변치 않는 그녀의 아름다움은 따로 있었습니다. 그녀는 여성들의 인권 향상에 앞장섰고, 히잡을 벗는 등 관습과 굴레를 벗어나려는 진취적 아름다움을 갖고 있었습니다.

경영 전략도 시대의 흐름에 따라 그 기준이 달라졌습니다.

첫 번째는 시장에서 필요한 자원과 역량은 항상 조달 가능하다는 산업 조직론(Industrial Organization) 관점입니다. 다시 말해, 기업은 외부 산업 환경을 분석하고 전략을 수립하되 이러한 전략을 달성하기 위한 자원과 역량은 외부 시장에서 얼마든지 가져올 수 있다는 것입니다. 하지만 현실이 꼭 그렇지만은 않습니다. 기업이 충분한 자금을 통해 외부 조달에 성공했어도 필요 역량을 단기간에 활용할 수 있는 것은 아니기 때문입니다. 그것을 내재화하는 데 상당한 시간이 걸리기도 하고 때로는 조직의 제도와 문화에 맞지 않아 제대로 작동하지 않을 수 있습니다.

두 번째는 앞서의 산업 조직론에 대한 비판에서 비롯되었습니다. 시장에서 자원과 역량의 조달이 현실적으로 어려운 점을 지적하며 초기의 우월한 자원과 역량을 강조한 자원 준거론(Resource&Capability) 관점입니다. 즉 필요한 자원과 역량은 단기간 내 조달이 불가능하기 때문에 내부의 자원과 역량이라는 태생적 장점이 중요하며 태생적인 우월성이 시장을 선도하는 가장 중요한 요소라고 여기는 것입니다. 하지만 우리는 현실 세계에서 후발 사업자나 열위 사업자가 어느 순간 1위 사업자를 능가하는 사례를 종종 보게 됩니다. 그래서 이에 대한 반박으로 다음의 전략적 혁신이라는 개념이 나오게 됩니다.

세 번째는 후발/열위 사업자의 극복 사례에 초점을 맞춘 전략적 혁신(Strategic Innovation) 관점입니다. 비록 남들이 가진 우월한 자원과 역량을 시장에서 조달하지 못하더라도, 또 내가 가진 선천적인 자원과 역량이 부족하더라도 고객 유형 / 제품 및 서비스 형태 / 운영 및 판매 방식 등에서 통념을 탈피함으로써 역전이 가능하다는 것입니다. 애플과 삼성전자가 모바일 폰 시장의 절대 강자였던 노키아를 단숨에 밀어낸 것이나 어벤져스로 대표되는 마블 코믹스가 슈퍼맨, 원더우먼, 배트맨 등의 히어로 캐릭터들을 먼저 선보인 DC 코믹스를 앞지른 사례가 이를 잘 설명해 줍니다.

우화『토끼와 거북이의 경주』는 전략적 혁신을 되새겨 볼 수 있는 좋은 예입니다. 위에서 언급한 관점을『토끼와 거북이의 경주』우화에 빗대어 설명해 보겠습니다.

'산업 조직론 관점'은 토끼의 우월한 팔다리를 가져와 거북이 몸에 붙일 수 있다고 주장하는 것입니다. 반면 '자원 준거론 관점'은 선천적으로 우월한 팔다리를 보유한 토끼가 항상 이긴다는 관점입니다. 그런데, 토끼는 물을 아주 싫어하고 거북이는 헤엄을 잘 치죠? '전략적 혁신'은 거북이가 기존의 경주 코스에 새로운 물길을 추가하여 시

합하는 것을 의미합니다.

　한 발 더 나아가 요즘은 상생 경영의 시대입니다. 육지에서는 토끼가 거북이를 업고 달리고, 물길에서는 거북이가 토끼를 업고 헤엄을 치면 각자 경주를 하는 것보다 훨씬 더 빨리 목적지에 도착할 수 있습니다. 기업도 마찬가지입니다. 어느 한 기업만 잘해서 그 기업이 시장 우위를 지속할 수 없습니다. 왜냐하면 오늘날 산업은 대부분 생태계를 형성하여 각자 잘하는 사업 역량을 끊임없이 교환해야만 성장할 수 있기 때문입니다.

　최근 일본이 우리 나라를 화이트 리스트 국가에서 배제하여 국내 반도체 산업 생태계에 영향을 미치고 이는 다시 미국의 아마존과 애플 등 세계 IT 산업 생태계에도 영향을 미치는 연쇄 사슬을 형성하고 있습니다. 예를 들어 반도체 산업의 경우 소재 기업, 부품 기업, 완성품 기업이 각각 제 역할을 수행하며 생태계를 형성하고 있는데 어느 한 공급망이 무너지면 이후의 기업들도 차례로 영향을 받을 수밖에 없습니다.

이해를 돕기 위해 제과 공정에 비유해 보겠습니다. 빵의 원료가 되는 밀가루는 소재 기업으로부터 조달하며 밀가루를 굽기 위해 필요한 오븐은 부품 기업으로부터 조달합니다. 그리고 이러한 밀가루와 오븐을 공급받아 빵을 만드는 제빵사가 삼성전자, SK하이닉스와 같은 반도체 기업입니다. 즉 밀가루 생산지, 오븐 제조사, 빵집 어느 한 곳의 공급이 원활하지 못하면 우리는 빵을 먹을 수 없게 됩니다.

경쟁 이전에 산업의 파이를 키우는 상생이 필요한 이유입니다. 구글, 페이스북, 인스타그램 등 대부분의 세계적 플랫폼 기업들은 이러한 상생의 원칙을 잘 활용하여 산업의 파이를 키워 왔습니다. 게다가 고객에겐 무료 서비스를 제공하면서도 말이죠.

널뛰기에서 내가 더 높이 날기 위해서는 상대방도 높이 띄워 주어야 합니다. 최근 미중 무역 전쟁은 이러한 원리를 간과하고 있습니다. 그저 역사적으로 되풀이되는 기존의 패권 국가와 신흥 도전 국가 사이의 피할 수 없는 전쟁 관점인 '투키디데스의 함정'(스파르타와 아테네 동맹국 간의 펠로폰네소스 전쟁에서 비롯한 것으로 하버드 대학교의 그레이엄 앨리슨 교수가 기존 패권 국가에 도전하는 새로운 패권 국가가 출현하면 전쟁이 일어날 확률이 높다고 주장)에 사로잡혀 있는 것이죠. 글로벌 경제 환경에서는 서로의 장점을 살려 상생하는 자유무역주의의 이로운 점이 더 많습니다.

오디션 프로그램이 사회에 던지는 메시지는 무엇일까요? 그동안 오디션 프로그램의 성공 요인은 공정한 경쟁, 온갖 역경을 딛고 꿈을 이루는 감동의 스토리텔링, 그리고 기성 가수에서 볼 수 없었던 신선함일 것입니다.

이 중 특히 공정한 경쟁이 무너진다면 프로그램의 존재 의의가 사라질 것입니다. 최근 한 오디션 프로그램이 순위 조작 사건으로 공정성을 크게 훼손한 바 있습니다. 사회, 산업, 기업, 조직 모두 공정한 경쟁을 통해 건전한 발전이 가능합니다. 우리 삶의 공정한 오디션 프로그램을 어떻게 만들어 나갈 수 있을까요? 우리 삶의 전략적 혁신은 무엇일까요?

BTS 음악과
심리적 장벽 허물기

우리가 세상을 살아가다 보면 어려운 일을 해야 하거나, 하고 싶어도 자꾸 심리적 거부감이 생기는 것들이 있습니다. 그럴 때마다 자신이 좋아하는 무언가를 통해 그것에 접근한다면 의외로 쉽게 목표한 바를 이룰 수 있습니다. 그래서 어려운 문학에 대한 진입 장벽을 낮춘 BTS의 음악과 고객의 심리적 장벽을 허물고 성공한 상품 이야기를 해 볼까 합니다.

매년 새로운 역사를 쓰고 있는 BTS. 그들은 자신만의 이야기로 디지털 네이티브 세대의 소비와 생산을 유도하며 큰 명성을 이어 가고 있습니다. 최근 런던, 베를린, 슬로베니아에서는 현대 미술가들과 무용단이 BTS의 신곡 뮤직비디오 〈블랙 스완〉을 차용한 공연을 선보이고 있습니다. 그만큼 BTS의 음악이 미술과 무용이라는 새로운 영역까지 영향을 미치고 있는 것입니다.

그런데, BTS 음악이 우리에게 더 강렬하게 전달되는 이유는 무엇일까요? 그것은 아마도 문학 작품의 울림이 가사와 뮤직 비디오를 통해 고스란히 남아 있기 때문일 것입니다. BTS의 음악은 위대한 문학 작품(헤르만 헤세의 『데미안』, 어슐리 르 귄의 『오멜라스를 떠나는 사람들』, 제임스 도티의 『닥터 도티의 삶을 바꾸는 마술 가게』, 무라카미하루키의 『해변의 카프카』 등)을 모티브로 삼고 있는데 마치 레오나르도 다빈치의 작품 속 숨은 코드를 찾는 것처럼 문학과 예술에 대한 이야기가 곳곳에 숨겨져 있습니다. 예를 들면, 그들의 노래 〈디오니소스(Dionysus)〉에는 다음과 같은 가사가 나옵니다.

"그냥 취해 / 마치 디오니소스 한 손에 술잔 / 다른 손에 든 티르소스 / 투명한 크리스털 잔 속 찰랑이는 예술 / 예술도 술이지 뭐 / 마시면 취해"

그리스 신화에서 포도주의 신, 풍요의 신을 '디오니소스'라고 부릅니다. 또한, 로마 신화에서는 이러한 신을 '바쿠스'라고 부르는데 BTS의 노래 〈디오니소스〉를 듣다 보면 어느새 '카라바조'의 〈바쿠스〉라는 미술 작품이 떠오릅니다. BTS 음악을 통해 우리는 음악에서 문학으로, 문학에서 다시 미술로 여행을 떠날 수 있습니다.

그럼, BTS의 음악 중 〈피 땀 눈물〉과 〈봄날〉을 통해 그들이 어떻게 문학을 음악으로 전달했는지 살펴보겠습니다. BTS의 뮤직 비디오

〈피 땀 눈물〉에는 헤르만 헤세의 『데미안』이 전달하고자 했던 메시지가 고스란히 담겨 있습니다. 『데미안』은 헤르만 헤세가 에밀 싱클레어라는 필명으로 출간한 자전적 성장 소설로, 책의 주인공은 싱클레어이지만 책 제목은 싱클레어의 친구인 데미안인 것처럼, 헤르만 헤세는 데미안의 삶에 대한 태도와 세계관을 싱클레어를 통해 독자에게 말하고자 했습니다.

BTS의 뮤직비디오를 보면 싱클레어의 고뇌를 잘 보여 주는 장면들이 있습니다. BTS가 메두사의 머리를 들고 있는 페르세우스의 조각상과 대지의 여신인 데메테르 조각상 사이에서 춤추고 있는 장면, 멤버 중 진이 검은 날개를 달고 있는 아브락사스 조각상과 입맞춤하는 장면, 정국이 공중에 뜬 상태에서 축 늘어져 있다가 카메라 앵글이 뒤집혀 마치 이카루스가 태양을 향해 마지막 날갯짓을 하고 있는 듯한 장면들은 밝은 세계와 어두운 세계 사이에서 방황과 고뇌를 했던 청소년기를 떠올리게 합니다.

> *"새는 알에서 나오려고 투쟁한다. 알은 세계이다. 태어나려는 자는 하나의 세계를 깨뜨려야 한다. 새는 신에게로 날아간다. 그 신의 이름은 아브락사스다."*
> *- 데미안이 싱클레어에게 보낸 편지 중*

또한 〈봄날〉이란 곡의 뮤직 비디오에는 단편 소설 『오멜라스를 떠나는 사람들』(1973년)을 연상케 하는 시그널이 담겨 있습니다. 이 소설

BTS의 〈피 땀 눈물〉 뮤직 비디오 장면

은 우리 사회의 불편한 진실을 알리고 최대 다수의 최대 행복을 지향하는 공리주의 뒤에 숨겨진 사회적 모순을 다루고 있습니다.

오멜라스를 떠나는 사람들(1973년)

BTS의 〈봄날〉 뮤직 비디오 장면

어슐러 르 귄이 쓴 『바람의 열두 방향』이란 책에 수록된 단편 소설로 '오멜라스 (omelas)'는 작가가 도로 표지판에서 본 Salem(Oregon)을 거꾸로 읽은 것이라고 합니다. 겉으로는 유토피아처럼 보이는 오멜라스에는 공공연한 비밀이 있는데, 그것은 바로 지하에 갇혀 고통받는 아이들의 존재입니다. 하지만 오멜라스 사람들이 이 아이를 바깥세상으로 데리고 나오면 그들이 누려 왔던 모든 행복이 사라진다는 딜레마에 빠지게 됩니다. 소수의 고통과 희생을 담보로 행복할 수 있는 권리, 이 세상에는 불편한 진실을 눈감아 주는 대가로 누릴 수 있는 행복이 있고 그것이 과연 정당한 것인지를 말하고 있는 소설입니다.

출판 산업 관계자에 따르면, BTS의 뮤직 비디오가 나온 후 ARMY 와 많은 청소년들이 『데미안』을 읽었으며 서점에서 『데미안』의 판매 부수도 크게 늘었다고 합니다. BTS의 음악이 가사와 뮤직 비디오를 통해 독자들에게 고전 문학 읽기의 즐거움을 선사한 것처럼 어떤 서비스는 그것을 이용하기 어려운 고객들의 심리적 장벽을 낮추어 줍니다.

GE 헬스케어의 MRI 스캐너를 예로 들어 보겠습니다. 대형 병원에는 MRI 스캐너가 있는데 대부분 건강검진 때 한 번쯤 경험해 보셨을 것입니다. 어른들이야 별 불편 없이 검진을 받지만 어린이들의 경우 큰 어려움을 겪게 됩니다. 굉음을 들으며 꼼짝 못 하고 누워 있어야 하는데, 어린이들에게는 상당한 공포심을 불러일으킵니다.

GE 헬스케어는 이를 해결하기 위해 MRI 스캐너의 내외관 및 검진 과정을 해적 / 우주 / 정글 / 사파리 등의 주제별 체험 과정으로 새롭게 디자인하였습니다. 또한 대본을 만들어 어린이들에게 검진이 아닌 모험의 여정(배에 올라타 있는 동안 움직이지 않아야 해적들에게 들키지 않는다고 얘기해 주거나, MRI 스캐너의 굉음이 초항속 모드라고 설명하는 등)을 안내하게 하였고, 항해(검진)를 마치면 검사실 한편에 있는 상자(일명 해적 가슴)에서 선물을 하나씩 가져갈 수 있게 하였습니다. 그 결과, MRI 검진을 받는 어린이 환자 수가 크게 늘어 병원의 수익이 증가하였고 어린이들은 위험한 수면제나 마취제 사용 없이 안전하게 검사를 받을 수 있게 된 것입니다.

이번엔 환상적인 IT상품을 소개해 드리겠습니다. 그것은 기존 스마트 워치들과 확실히 차별화된 고객 가치(Customer Value Proposition)를 담고 있는 세계 최초의 점자 스마트 워치입니다. 시각 장애인(약시력자 포함)들은 일반적으로 음성으로 듣는 시계를 착용합니다. 그런데 음성으로 시간을 알려 주다 보니, 수업 시간이나 실내 활동 시 타인에 불

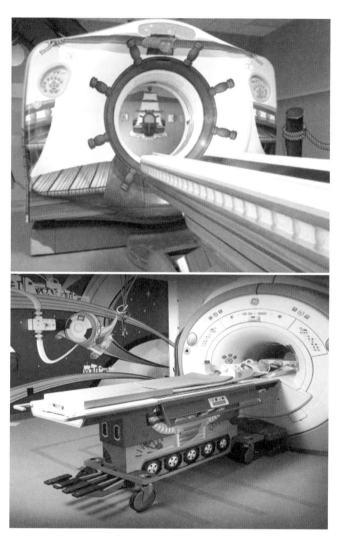

GE 헬스케어의 어린이용 MRI스캐너

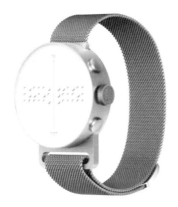

닷 워치(Dot Watch)
www.dotincorp.com

편을 주고 자신의 장애 사실도 드러나기 때문에 그런 시계를 잘 사용하지 않는다고 합니다. 커다란 심리적 장벽이 생긴 것이죠.

그래서 만들어진 것이 닷 워치(Dot Watch)입니다. 이것의 작동 원리는 시계 표면을 터치하면 전기 신호를 통해 돌기가 움직여 점자로 바뀌는 것입니다. 초 단위까지 시간을 알 수 있을 뿐 아니라 블루투스를 통해 스마트폰과 연결하여 전화 및 문자 수신/날씨/뉴스/내비게이션/e-Book/이미지 등을 전부 점자로 바꾸어 볼 수 있습니다. 단순히 시간 인지를 넘어 말 그대로 스마트 워치 기능을 갖고 있는 것입니다. 게다가 세련된 디자인, 사회적 약자와 공감하고 싶어 하는 젊은 세대의 니즈 덕분에 비시각장애인들로까지 고객층이 확대되었습니다.

BTS의 음악이 고전 문학 읽기의 심리적 장벽을 낮추었듯이, GE헬스 케어의 MRI 스캐너가 어린이들의 심리적 장벽을 낮추었듯이, 시각장애인들의 심리적 장벽을 허물기 위해 개발된 닷 워치가 세상을 밝혀 주는 따뜻한 시계가 되었듯이, 우리가 만드는 상품이나 서비스에서 고객의 심리적 장벽을 낮출 수 있는 방법은 무엇일까요? 어릴 적 쓴 약을 먹기 위해 달콤한 사탕이 필요했던 것처럼 내 삶의 심리적 장벽을 낮추어 주는 사탕은 무엇일까요?

Part 03.

/

공간을 지배하는 자

건축 편

판듀~
가우디와 구엘의
가치 사슬

　스페인의 위대한 건축가 안토니 가우디(Antoni Gaudi), 그리고 그런 가우디를 더욱 위대하게 만든 이가 에우세비 구엘(Eusebi Guell)입니다. 인류 역사상 무엇인가를 이루어 낸 사람들 뒤에는 그들을 알아봐 준 후원자들이 꽤 있었습니다. 관노 출신이었던 장영실을 조선 최고의 발명가로 만든 세종대왕, 인도 항로의 개척자 바스코다가마를 후원했던 포르투갈의 엔리케 왕자, 신대륙(아메리카)을 발견한 콜럼버스(사실, 콜럼버스가 아메리카 대륙을 발견하기 500년 전, 바이킹들이 캐나다 해안에 도착했다는 기록 존재)를 후원했던 에스파냐의 이사벨 여왕, 어떠한 대가도 받지 않고 차이코프스키에 대한 절대적 후원을 아끼지 않았던 폰 메크 부인, 고흐를 물심양면 지원했던 동생 테오, 르네상스 시대 예술가들을 후원한 메디치 가문 등.

　이들 중, 인류 역사상 위대한 작품의 탄생이 있기까지 판듀(동명의

TV 프로그램, 판타스틱 듀오)를 꼽는다면 가우디와 구엘의 조합을 들 수 있습니다. 물론 피카소는 가우디가 부자들의 후원을 받는 것에 대해 맹렬한 비판을 했지만 가우디가 후원을 받으면서도 자신의 작품 세계를 펼칠 수 있었던 점은 높이 평가받아야 합니다.

가우디는 건축가일까요, 예술가일까요? 역사적으로 위대한 건축물들은 처음에는 그저 새롭기만 한 구조물이었겠지만 시간이 점점 흐를수록 그 가치를 인정받아 공간 예술이 된 것 같습니다. 즉, 건축 예술이 된 것입니다. 가우디의 건축물은 가히 예술의 경지에 도달했습니다.

한편, 구엘은 부유한 사업가로 1878년 파리 세계박람회에서 가우디가 디자인한 장식장을 보자마자 감명받았고, 이후 부유층에 가우디를 소개함으로써 구엘이 명성을 얻는 계기가 되었습니다. 구엘의 탁월한 안목이 오늘날 가우디를 만들었다고 해도 과언이 아닐 것입니다. 구엘은 당신의 작품을 다 이해하진 못하지만 건축가인 당신을 존경한다고 말할 정도로 가우디를 전적으로 신뢰하였으며 구엘 별장, 구엘 저택, 고급전원주택단지(지금의 구엘 공원) 등의 건축 설계를 의뢰했습니다.

언론을 통해 분리 독립 문제가 이슈화되었던 카탈루냐주(주도: 바르셀로나)에서 태어난 안토니오 가우디는 어린 시절에 류머티즘을 앓아 홀로 자연을 벗 삼아 지내는 시간이 많았고, 스스로 나무가 스승이라 할 정도로 자연으로부터 작품의 영감을 많이 얻었다고 합니다. 실제 그의 건축물들 중에는 자연을 닮은 곡선 형태의 경이로운 작품들이 많습니다.

오늘날 관광객들에게 스페인은 바르셀로나이며, 바르셀로나는 곧 가우디를 연상케 할 정도로 가우디 투어는 필수입니다. 대표적인 건축물들로는 카사 바트요, 카사 밀라, 구엘 공원, 사그라다 파밀리아 성당이 있습니다. 물론 IT 업계 관련자들에게는 MWC(Mobile World Congress) 개최지로, 축구 팬들에게는 FC 바르셀로나로 유명한 곳이기도 합니다.

MWC는 왜 바르셀로나에서만 열리나요?

원래 MWC의 개최지는 프랑스의 휴양 도시 칸(1987년~2005년)이었습니다. 그런데 이동통신산업의 발달과 더불어 전시 규모가 계속 확대되자, 관람객도 급격히 증가하여 더 이상 칸의 인프라로 행사를 감당할 수 없게 되었습니다. 이에 MWC의 주체인 GSMA(Global System for Mobile Communications Association)가 기후, 숙박 및 교통 인프라를 고려한 후 경쟁입찰방식으로 개최지를 바르셀로나(2006년 ~2023년)로 선정하였습니다. 바르셀로나는 현재 스페인 경제의 약 20%를 차지할 정도로 매우 영향력 있는 도시입니다.

가우디의 위대한 작품들을 살펴보겠습니다.

카사 바트요(Casa Batllo, 카사: 집 / 바트요: 건축주의 이름)는 전설 속의 용의 비늘을 형상화한 지붕과 죽은 사람의 뼈를 형상화한 기둥으로 구성된 판타지 영화 속 집처럼 신비감을 자아냅니다. 가우디는 신비감을 구현하기 위해 최초로 트랜카디스 기법(Trencadis, 깨뜨리다는 의미의 쿠르드어 'Trencar'에서 유래하였으며 타일, 유리, 대리석 등의 파편들을 활용한 모자이크 기법)을 사용했는데 이는 당시 고정관념을 깬 매우 혁신적인 기법이었습니다.

트랜카디스 기법을 사용한 카사 바트요

로메로 브리토의 〈다스베이더〉

카사 밀라

〈스타워즈〉의 감독 조지 루카스가 바르셀로나 여행 중 카사 밀라 (Casa Mila, 세상에서 가장 아름다운 옥상이란 별명을 가지고 있으며 현재 사람들이 거주하는 유일한 세계문화유산) 옥상의 굴뚝을 보고 영감을 얻어 다스베이더 캐릭터를 만든 것으로 알려져 있습니다. 우리가 예술을 배워야 하는 이유가 여기에 있습니다. 피카소, 뒤샹, 리히텐슈타인, 앤디워홀 등 위대한 예술가들은 기존의 것을 재해석하는 과정을 거쳐 새로운 창조물을 탄생시켰습니다. 카사밀라에 영향을 받은 조지 루카스의 다스베이더, 〈스타워즈〉에 영향을 받은 팝 아티스트 로메로 브리토의 다스베이더. 이렇게 예술은 꼬리에 꼬리를 물고 재해석을 통해 새로운 창조물이 됩니다. 일명 '꼬꼬무' 작품이 된 것입니다. 훗날 가우디가 저승에서 이 예술가들을 모두 만난다면 그는 이렇게 말할지도 모릅니다.

"I'm your father."

〈스타워즈〉의 숨겨진 이야기

우주 SF 영화 〈스타워즈〉에는 숨겨진 역사적 의미가 있습니다. 바로 미국의 독립 전쟁입니다. 줄거리의 큰 뼈대는 다스베이더가 이끄는 제국과 루크 스카이워커가 이끄는 공화국의 대결로 이루어져 있는데, 미국을 상징하는 루크 스카이워커 공화국이 영국을 상징하는 다스베이더로부터 독립한다는 것을 은유적으로 표현하고 있습니다. 실제, 영화 속 다스베이더의 은하 제국인들은 주로 영국식 영어를 사용합니다.

구엘 공원은 자연과 건축의 조화라는 가우디 철학을 단적으로 표출한 걸작입니다. 원래, 구엘 공원은 일종의 고급 타운 하우스 단지 용도로 시작되었지만, 공사 중 건축주가 재정난에 빠지자 바르셀로나 시에서 단지를 인수해 오늘날 아름다운 구엘 공원으로 탄생시킨 것입

'헨젤과 그레텔의 과자 집'으로 불리는 구엘 공원 입구

니다. 만일 당시 사업이 제대로 진행되었다면 오늘날 사유지가 되어 일반 관람이 어려울 수 있었기 때문에 인류의 문화유산 측면에서 보면 전화위복이 된 셈입니다.

가우디는 구엘 공원 내 파도 동굴의 곡선을 통해 자연 친화적 건축 철학을 고스란히 담아냈습니다. 또한 트랜카디스 기법과 빗물을 이용한 과학적인 정수 시스템의 도마뱀 분수, 『헨젤과 그레텔』의 과자 집을 모티브로 한 쿠키와 생크림 모양의 건물들은 마치 동화 속 나라에 온 듯한 환상을 불러일으킵니다.

구엘처럼 자연의 곡선을 강조한 건축가로 오스트리아 출신의 프리덴슈라이히 훈데르트바서가 있습니다. 그의 건축물은 "건축은 네모다"라는 고정관념을 깬 구엘의 건축물들을 연상케 합니다. 우리나라

훈데르트바서 하우스

개심사의 기둥

에도 충남 서산에 개심사라는 절이 있습니다. 이 절은 자연 상태의 휘어진 나무들을 그대로 기둥으로 사용하다 보니 자연의 곡선을 잘 느낄 수 있는 참 독특한 곳입니다.

사그라다 파밀리아(Sagrada Familia, 성스러운 가족 성당)는 가우디의 설계를 토대로 수많은 예술가, 과학자, 건축가들이 힘을 합쳐 2026년 완공 목표(1882년부터 짓기 시작하여 가우디 사후 100주년 때 완공)로 건설 중인 성당입니다. 건축 위원장이었던 가우디의 스승이 가우디에게 성당의 설계를 맡겼는데 가우디가 스승의 의도와 다른 엄청난 기획안을 들고

사그리다 파밀리아

왔고 건축 위원회가 고민과 논쟁 끝에 그 기획안을 받아들인 현재 진행형 건축물입니다. 성당의 탄생 배경에서 알 수 있듯이 사그라다 파밀리아가 위대한 것은 경이로운 모습 자체 때문이기도 하지만 이것을 추진한 보이지 않는 위원회의 합의와 지속적인 지지의 과정 때문이기도 합니다.

이처럼 천재 건축 예술가 가우디와 그의 잠재 역량을 첫눈에 알아본 구엘, 판타스틱 듀오가 인류의 위대한 건축 예술품을 창조해 냈습니다. 마찬가지로 기업의 활동은 주 활동(Primary Activities)과 지원 활동(Support Activities)으로 구성되는데 1985년, 마이클 포터(M. Porter) 교수는 기업이 고객에게 가치를 제공하기 위한 주요 활동들을 일련의 프로세스로 정의하였고 이를 '가치 사슬(Value Chain)'이라고 명명했습니다.

여기서 주 활동은 제품의 기획/생산/마케팅/판매/서비스 등 직접적으로 가치 창출에 직접 기여하는 것을 의미하며 지원 활동은 전략, 연구개발, 인사, 재무, IT 등 간접적으로 가치 창출에 기여하는 것을 의미합니다.

기업은 가치 사슬 분석을 통해 각 기능/단계별 강약점 파악이 가능하며 비핵심 업무 중 일부 기능을 외부 자원을 통해 조달(outsourcing)할 수도 있습니다. 이는 기존의 전통적인 가치사슬 모델의 해체라기보다 가치사슬의 각 기능에 대한 유연성이 강화된 것입니다.

가우디의 본원적 활동이 성공한 것은 구엘의 보이지 않는 지원 활

전통적 제조 기업 내 가치 사슬(Value Chain)

동이 있었기에 가능했습니다. 여기서 지원 활동은 주 활동에 대한 통제와 모니터링 중심의 활동을 의미하는 것이 아닙니다. 전략에 대한 일관성 유지, 적재적소에 인재와 자원 확보/배치, 미래를 위한 과감한 투자, 그리고 믿고 기다릴 수 있는 인내심, 이러한 지원 활동들이 뒷받침될 때 기업의 주 활동은 구엘의 위대한 예술 작품 같은 성과를 낼 수 있습니다.

우리는 조직과 사회의 구성원으로서 나의 진가를 알아주는 구엘을 만난 적이 있나요? 건축을 사회적 디자인이라고 합니다. 우리의 사회와 조직에선 가우디의 사그라다 파밀리아를 탄생시킨 건축 위원회의 아름다운 사회적 합의가 얼마나 자주 일어날까요?

잘할 수 있는 것을 해야 할까? 좋아하는 것을 해야 할까?

우리는 살아가며 종종 이런 질문을 던집니다. 물론 잘할 수 있는 것이 좋아하는 것이라면 더할 나위 없겠지만 이 두 가지 관점이 일치하는 경우는 드문 것 같습니다. 가우디는 이에 대해 다음과 같이 말했습니다.

"사랑이 첫 번째이고, 기술은 그다음이다."

『논어』에도 '지지자불여호지자, 호지자불여락지자(知之者不如好之者, 好之者不如樂之者)'라는 말이 나옵니다. '어떤 사실을 아는 사람은 그것을 좋아하는 사람만 못하고 그것을 좋아하는 사람은 즐기는 사람만 못하다.'라는 뜻입니다. 〈영재발굴단〉이란 TV 프로그램이 있습니다. 이 프로그램에는 다양한 분야에서 놀라운 재능을 가진 어린이들이 출연하는데 그들의 공통점은 좋아서 즐기다 보니 결국 잘하게 된다는 점입니다. 얼마 전 자동차 디자인에 푹 빠져 있는 한 어린이가 출연했는데 그 아이는 자동차를 좋아하다 보니 자동차를 그렸고, 그리다 보니 디자인을 하게 되었으며, 디자인을 공부하다 보니 자동차에 필요한 과학 기술을 공부했고, 과학 기술을 공부하기 위해 영어를 공부했으며, 자신의 디자인을 설득시키기 위한 발표력까지 자연스럽게 갖추게 되었습니다.

황룡사지 9층 목탑과
기업 비전

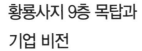

『삼국유사』에 따르면, 황룡사 9층 목탑은 신라 선덕 여왕 시대의 건축물로서 당나라에서 유학을 마치고 귀국한 승려 자장의 건의로 백제의 아비지에 의해 세워졌습니다. 개인적으로 신라를 별로 좋아하지 않는데 그 이유는 당나라의 힘을 빌려 삼국을 통일했을 뿐 아니라 고구려의 그 광활한 영토를 잃어버린 것이 왠지 신라의 기개가 부족했다고 생각했기 때문입니다.

하지만 중세 유럽처럼 도시국가의 형태를 띠고 있던 삼국 시대에 가장 힘이 약한 신라가 통일 위업을 이루었다는 인생 역전 스토리는 분명 높이 살 만합니다. 아무튼 그런 신라가 위업을 달성할 수 있었던 것은 어쩌면 '황룡사지 9층 목탑'이라는 원대한 비전이 있었기에 가능했던 것일지도 모릅니다.

황룡사지 9층 목탑의 복원을 기원하며

국립경주박물관 내 황룡사지 9층 목탑 모형

경상북도 경주시 황룡사지(신라시대의 절터)에 그 흔적이 남아 있으며 심초석(목탑의 중심 기둥을 받치는 돌)의 경우, 가로 4미터, 세로 3미터, 높이 80미터, 무게 30톤 규모로 오늘날 30층 아파트와 맞먹는 높이로 추정됩니다. 특히 놀라운 점은 이러한 탑을 쌓는 데 못을 사용하지 않고 나무와 나무를 끼워 맞추는 방식을 사용했다는 것입니다. 홍콩에서는 건물 외관을 지을 때 철골 구조를 사용하지 않고 대나무를 사용하는 경우가 있는데 인간의 건축 기술은 알면 알수록 참 신기합니다. 신라가 어떻게 당대 최고의 높이로 탑을 쌓을 수 있었는지는 아직 풀리지 않는 수수께끼입니다. 조선 후기에야 비로소 수원 화성 축조를 위한 거중기가 발명되었으니 신라 시대에 80m 높이까지 오로지 사람의 손으로 탑을 쌓는다는 것은 엄청난 건축 기술의 뒷받침 없이는 불가능한 일이라고 합니다.

경주시는 황룡사지 9층 목탑을 복원하려고 계획했으나 어려울 것으로 보입니다. 현재 남아 있는 기록만으로는 완벽한 모습의 재현이 어려운데, 세계 문화재를 관리하고 있는 유네스코(UNESCO)가 완전한 기록이 없는 문화재 복원에 반대하고 있기 때문입니다. 그러나, 어릴 적 〈로보트 태권브이〉 만화가 디지털 영화로 복원에 성공했듯이 언젠가는 황룡사지 9층 목탑의 위용을 볼 수 있기를 고대합니다.

황룡사지 목탑은 고려 시대에 몽골의 침입으로 불에 소실돼 지금은 터만 남아 있습니다. 아쉬움을 달래고자 잠시 그 탑의 비전을 소환해 보겠습니다. 기록에 따르면 탑의 1층부터 9층까지 일본, 당, 오월, 탐라(제주도), 백제, 말갈, 거란, 여진, 고구려가 차례로 새겨져 있었다고 합니다. 즉, 선덕여왕은 신라인의 마음을 하나로 모을 만한 깜짝 놀랄 탑을 세우고 탑에 신라를 괴롭혔던 나라 이름을 새겨 넣음으로써 언젠가는 그들을 무너뜨리겠다는 비전을 제시한 것입니다.

선덕 여왕은 황룡사 9층 목탑을 완공시킨 후 다음과 같이 선언했습니다. "우리가 삼국의 주인공이 될 것이다." 이것은 오늘날 기업의 비전 선포식쯤 될 것 같습니다.

기업의 비전(Vision)도 마찬가지입니다. 비전이란 기업이 나아가야 할 바람직한 모습, 즉 미래상으로 기업의 존재 이유인 미션(Mission)과 개념적으로 구분됩니다. 베트남의 영웅으로 칭송받는 박항서 축구 감독은 한 인터뷰에서 다음과 같이 말했습니다. "최종 목표는 월드컵 진출이며 축구를 통해 베트남 국민을 기쁘게 해 드리겠습니다." 여기서 베트남 축구 대표팀의 비전은 월드컵 진출이며, 미션은 축구의 존재 이유인 국민을 기쁘게 하는 것으로 정의할 수 있습니다.

기업은 비전을 수립할 때 구체적이고 달성 가능한 명확한 방향 설정을 통해 구성원들의 동기부여를 이끌어 낼 수 있어야 합니다. 너무 공허하거나 타당성이 결여된 비전은 구성원들의 의지를 꺾을 수 있으므로 주의해야 합니다. 기업은 비전 슬로건(Vision Slogan)을 통해 조직 구성원과 고객들을 향해 핵심 메시지를 정서적이고 감성적으로 전달할 수 있습니다.

이에 반해, 미션은 현재뿐 아니라 미래에도 기업이 존재하는 이유를 설명하는 것이므로 특정 상품이나 경쟁 시장으로 한정하여 정의되는 것을 지양해야 합니다. 예를 들어, 화장품 제조 기업의 미션 스테이트먼트(Mission Statement)는 단순히 화장품을 만들고 판매하는 기업이 아니라, 고객들에게 아름다움을 제공해 주는 기업으로 정의하는 것이 바람직합니다. 그렇게 함으로써 에스테틱, 헤어샵 등 뷰티 영역으로 사업을 확장하여 기업 가치를 극대화할 수 있습니다.

다음은 경쟁 상품의 잘못된 정의를 통해 기업의 존재 이유를 잘 보여 준 사례입니다.

자동차가 시장에 막 보급되기 시작하던 때, 미국의 철도회사인 앰트랙(Amtrak)과 포드(Ford) 자동차가 각각 어떤 생각을 하고 있었는지 살펴보겠습니다. 앰트랙은 포드 자동차가 시장에 진출한 이후에도 그들의 경쟁 서비스를 철도로 한정 지었습니다. 이와 반대로 포드는 경쟁 서비스를 모든 교통수단으로 정의했습니다. 별것 아닌 것 같지만 그 차이는 기업의 존폐를 야기할 정도의 엄청난 결과를 초래했습니다.

앰트랙은 당장 눈앞에 보이는 직접적인 경쟁 서비스에만 초점을 맞추었기 때문에 자신의 서비스는 경쟁 상대가 없다는 자만에 빠져 있었던 반면, 포드는 철도 구간을 매입하는 데 막대한 돈을 투자하였습니다. 그들은 왜 자동차를 판매해서 번 돈으로 불필요한 철도 구간을 매입했을까요? 게다가 그 철도 구간을 어떤 용도로도 쓸 수 없게끔 그냥 폐쇄해 버렸는데 그 이유는 무엇일까요?

그럼 앰트랙 이용객들이 어떻게 되었는지 살펴보겠습니다. 고객들은 철도가 끊어진 지점에서 내려 자동차로 갈아탔고, 그 경험을 통해 점차 자동차의 고객 가치를 깨닫고 교통수단을 철도에서 자동차로 전환(churn-out)하게 되었습니다. 협의의 경쟁/시장/상품 정의를 통한 기업의 존재 이유가 결국 기업의 존망에 얼마나 큰 영향을 미치는지를 잘 보여 주었습니다.

기업은 이러한 우를 범하지 않기 위해 미션 스테이트먼트(Mission Statement)의 올바른 정의가 필요합니다. 이 밖에, 기업은 구성원들과 비전 및 미션을 공유하고 달성하기 위해 경영 이념 / 경영 목표 / 핵심 가치 / 공유 가치(Shared Value) 등을 사용하고 있습니다.

선덕 여왕이 황룡사 9층 목탑을 통해 신라의 비전을 실현했듯이, 우리도 각자의 가슴에 비전의 탑을 쌓아 보면 어떨까요?

신라의 미스터리

우리나라가 이란(페르시아)과 교류한 최초의 시기는 언제였을까요? 공식적인 기록에 따르면 고려 현종 15년으로 전해집니다만, 이란의 『쿼쉬나메』라는 책에 페르시아 왕자와 신라로 추정되는 나라의 공주 이야기가 담겨 있습니다. 7세기경 이란의 전신인 사산조 페르시아('사산'의 성을 가진 가문이 왕좌를 세습한 페르시아)의

멸망으로 페르시아 왕자 아브틴은 중국 인근으로 피신했다가 바실라로 망명하게 됩니다. 그러던 중 바실라의 공주(파라랑)와 결혼하였고 그들 사이에 태어난 아이가 나중에 전설적인 영웅이 된다는 내용입니다. 여기서 바실라가 바로 신라라는 학설이 제기되었습니다.

몇 가지 근거를 살펴보면, 첫째 바실라가 신라의 지리적 위치와 유사하고 금이 많은 나라로 묘사되고 있다는 점. 둘째, 페르시아에서 말을 타고 즐기던 공 놀이 문화가 통일신라시대의 격구와 유사하다는 점. 셋째, 아내와 역신이 바람을 피우자 노래를 부르고 춤을 추며 역신을 쫓아낸다는 설화 속 처용이 바로 아라비아인과 닮았다는 점입니다.

조선 시대 『악학궤범』에 의하면 처용은 넓은 이마에 짙은 눈썹, 큰 코와 긴 팔을 가진 남자로 묘사되어 있습니다. 일부 학자들은 바실라의 타이후르 왕이 신라의 헌강왕이거나 김춘추이고 파라랑 공주는 그의 딸 중 한 명이라고 주장하고 있으며 현재도 바실라에 대한 연구는 계속되고 있습니다.

이 밖에 별을 관측하는 곳으로 잘 알려진 신라의 첨성대는 그것이 위치한 지형의 높이를 고려할 때, 과연 진짜 별을 관측했던 곳인지, 아니면 제사를 지냈던 곳인지, 두 가지 역할이 동시에 있었는지는 아직 명확히 밝혀지지 않고 있습니다.

미운 오리 에펠탑,
백조가 되다!

프랑스 하면 떠오르는 최초 상기도 (Top of Mind) 중 단연 으뜸은 에펠탑일 것입니다. 에펠탑은 건축가 알렉산더 구스타프 에펠(Alexandre Gustave Eiffel)의 성을 따서 지은 탑으로, 프랑스 혁명 100주년을 기념하는 만국 박람회에 맞춰 완성(1889년)되었습니다. 그런데 320미터 높이의 위용을 갖춘 파리의 자부심인 에펠탑은 한때 흉물로 인식되어 철거 직전의 상황에까지 놓였었던 아픔을 간직하고 있습니다.

당시 파리지엔들은 철골을 드러낸 에펠탑이 예술의 도시 파리와 전혀 어울리지 않는다는 이유로 만국 박람회 이후 철거해야 한다고 주장했습니다. 실제 프랑스의 대문호 기 드 모파상(Guy de Maupassant)은 에펠탑을 속이 빈 촛대라고 조롱하고 철거 서명 운동까지 벌이며 법원에 철거 탄원서를 제출하기도 했습니다. 심지어 그는 에펠탑을 보지 않기 위해 에펠탑 내부의 레스토랑에서 식사를 했으며 몽소 공원에 있는 자신의 동상도 에펠탑을 보지 못하도록 돌려 세웠다는 웃픈 일화도 있습니다.

레스토랑은 프랑스 혁명 때문에 생겼다?

원래 레스토랑은 식사를 제공하는 장소를 의미한 것이 아니라 기운을 돋워 주는 수프(화이트소스를 넣고 양의 발을 끓인 국물)를 의미했습니다. 1765년, 파리 루브르궁 근처에 근대적 레스토랑이 생겼는데 이곳에서 만든 수프를 레스토레(restaurer)라고 불렀습니다. 레스토랑이 대중화된 것은 뜻밖에도 프랑스 대혁명(1789년)의 산물입니다. 프랑스 대혁명이 발발하자 귀족들은 목숨을 잃거나, 파산하거나, 망명길에 오르게 되었습니다. 이로 인해 졸지에 실업자 신세로 전락한 귀족의 전속 요리사들은 생계를 위해 거리로 나오게 됩니다. 그들은 오랫동안 귀족들의 까다로운 입맛을 맞추기 위해 갈고 닦은 요리 실력으로 레스토랑을 열었고, 귀족을 대신한 부르주아 계층이 그들의 주 고객이 되었습니다. 이때부터 레스토랑은 단순히 수프를 뜻하는 것이 아니라 식당을 총칭하는 단어가 되었습니다.

당시, 파리시는 에펠탑을 20년 동안만 유지하고 철거하기로 계획했기 때문에 1909년에 해체 위기를 맞았으나 그 무렵 개발된 무선 전신의 안테나로 활용 가치가 인정되어 에펠탑을 남겨 두기로 결정했습니다. 극적으로 철거를 피한 에펠탑은 이후 점점 사람들의 호감을 얻게 되었고 오늘날 위대한 건축물이 된 것입니다.

'에펠탑 효과(Eiffel Tower Effect)'라는 심리학 용어가 있습니다. 처음에는 낯설고 안 좋아 보이는 것이 자주 보게 되면서 점점 호감으로 변하는 현상을 말합니다. 한마디로 자주 보면 정들고, 정들면 좋아질 수 있습니다.

물론, 이것이 에펠탑의 본질은 흉물인데 자꾸 보면서 호감으로 변한다는 것을 의미하는 것은 아닐 것입니다. 하지만 비호감을 가진 사람들 중 대다수는 잦은 노출로 인해 호감을 갖게 됩니다. 미국의 사회심리학자 로버트 자이언스(Robert B. Zajonc)는 실험을 통해 참가자들에게 낯선 사람의 사진을 많이 보여 줄수록 그 사람에 대한 호감도가 증가한다는 것을 밝혀냈으며 이러한 에펠탑 효과를 '단순노출 효과(Mere Exposure Eeffect)'라 명명하였습니다.

마케팅에서도 에펠탑 효과는 많이 활용되고 있는데 광고를 통해 소비자들에게 특정 상품을 자주 노출시킴으로써 브랜드 인지도와 구매 의향을 높이는 것입니다. 특히 화장지, 치약, 비누 등 생필품처럼 저관여도 상품일 경우 반복적인 단순 노출을 통해 구매율을 높일 수 있습니다. TV 드라마와 영화에서는 특정 상품을 간접 광고 형태로 노출(PPL: Product Placement)하여 시청자의 구매를 이끌어 내기도 하며 오늘날에는 SNS와 Youtube를 통해 노출을 극대화시키고 이를 수익으로 연결하는 사례도 많습니다. 하지만 지나친 단순 반복 노출은 그 브랜드에 대한 진부함으로 연결되는 부정적 효과도 함께 가지고 있습니다.

에펠탑 설계 시, 에펠은 건축비로 650만 프랑이 소요될 것으로 예상했습니다(실제 건축비는 800만 프랑 소요). 하지만 예산이 150만 프랑밖에 책정되어 있지 않아 공사를 진행할 수 없게 되자, 나머지 공사비를 자신이 부담하고 향후 20년 동안 입장료와 임대료 수익금을 자신의 회사에서 받는 것으로 계약했습니다. 도로, 터널, 항만 등 대규모 투자가 수반되는 공공 인프라 사업모델처럼 민간회사가 건설 비용을 부담하고 대신 정부로부터 보조금과 일정 기간 서비스 이용료를 받는 수익 모델을 적용한 것입니다.

에펠 입장에서는 큰 리스크를 감수하는 투자였지만 그해 입장 수익료로 투자비 650만 프랑을 전부 회수했다고 하니 결과적으로 엄청난 성공을 거둔 셈입니다. 미국의 자유의 여신상도 에펠탑의 노하우를 살려 에펠이 내부 철골 구조를 설계하였습니다.

자유의 여신상의 아버지는 에펠탑?

미국 뉴욕 허드슨강 입구의 Liberty Island에 세워진 조각상으로, 프랑스가 미국 독립 100주년을 기념하여 선물했습니다. 정식 명칭은 '세계를 비치는 자유(Liberty Enlightening the World)'이며 1875년에 만들기 시작하여 1884년 완공, 1885년에 프랑스가 미국으로 보낸 것입니다. 겉으로 보기에는 조각 같지만, 사실 내부에 계단과 엘리베이터가 설치된 건축물의 형태를 갖추고 있습니다. 조각가 프레데리크 오귀스트 바르톨디(Frederic-Auguste Bartholdi)가 자신의 어머니를 모델로 조각했으며, 구스타브 에펠이 내부 철골구조를 설계했습니다.

2018년, 에펠탑의 계단 일부가 경매에 나왔었습니다. 1983년 에펠탑을 수리하는 과정에서 하중을 줄이기 위해 떼어 낸 2.6미터짜리 계단이 한화로 2억 1500만 원 정도에 낙찰되었다고 하니 이런 방식으로 에펠탑의 가치를 환산하면 수백 조에 이를 것으로 추정됩니다.

기업 활동을 하다 보면, 고객의 숨은 니즈(Implicit Needs)를 찾아야 할 때가 있습니다. 그것을 찾는 방법 중 하나가 바로 한동안 저평가받고 있었던 것에 주목하는 것입니다. 고객의 사업 영역으로부터 관성에 젖어 포기한 것이 있는지 찾아보고 그것을 다시 소생시켜 볼 필요가 있습니다. 시장 트렌드의 변화와 의사결정권자의 교체에 따라 과거 저평가 대상이 어느 순간 떠오르는 스타가 될 수 있기 때문입니다.

혹시, 과거에 미운 오리로 여겨지던 사업 기획안은 없었나요? 앞으로 백조가 될지도 모르는 아까운 미운 오리 사업은 없나요? 사라져 가고 있는 우리 아이들의 미운 오리 꿈은 없었나요? 각자 놓치지 말아야 할 미운 오리는 없는지 곰곰이 생각해 봐야겠습니다.

빌바오 효과와 스타 CEO,
그리고 기업 민주주의에 대한 단상

　스페인의 북부에 빌바오라는 도시가 있습니다. 한때 공업도시로 활기찬 도시였으나 1980년대 경제 불황 이후 도시 전체가 급격히 쇠락했습니다. 그런데 이 도시에 구겐하임 미술관이 설립되자 관광 산업이 발전하기 시작하면서 도시 전체가 활기를 되찾으며 지금은 세계적 건축물이 즐비한 유명 도시로 명성을 떨치고 있습니다. 1997년, 미술관 개관 이후 인구 40만 명이 채 안 되던 빌바오 도시에 매년 100만 명 이상의 관광객이 찾으며 엄청난 관광 수입이 발생하고 있습니다. 이처럼, 어떤 도시에 랜드마크 건축물이 생김으로써 도시 전체가 부흥하는 현상을 '빌바오 효과(Bilbao Effect)'라고 합니다.

　그럼, 잠시 미술관을 감상해 볼까요? 빌바오 구겐하임 미술관은 미술품보다 미술관이 더 유명하여 건물 자체가 하나의 조형 예술품이라 칭송받고 있습니다. 구겐하임 미술관은 미국의 철강사업자 솔로몬

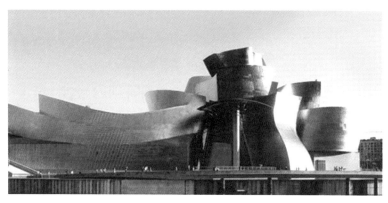

빌바오 구겐하임 미술관

구겐하임이 수집한 미술품들을 토대로 1937년, 뉴욕에 처음 설립되었으며 이후 라스베이거스, 베니스, 베를린, 빌바오에 잇달아 추가 건립되었습니다. 그중 빌바오 구겐하임은 파리의 루브르, 런던의 데이트 모던과 함께 유럽을 대표하는 미술관입니다.

빌바오 효과처럼 기업도 CEO의 명성이 기업 가치에 큰 영향을 미칩니다. 우리가 잘 아는 Apple의 스티브 잡스, Tesla의 일론 머스크, GE의 잭 웰치, Fujifilm의 고모리 시게타카, JAL의 이나모리 가즈오는 개인의 브랜드 가치가 기업 가치만큼이나 높은 CEO들이었습니다. 스티브 잡스가 창조해 낸 스마트폰 생태계, 일론 머스크가 창조해 낸 전기 자동차의 세상, 경영의 달인이라 불렸던 잭 월치, 망해가던 기업을 혁신적으로 트랜스포메이션한 고모리 시게타케, 적자에 허덕이던 JAL을 3년 만에 회생시킨 후 스스로 물러난 이나모리 가즈

오, 이들이 없었다면 오늘날 그 기업들의 명성도 없었을 것입니다.

CEO는 사업에 대한 인사이트를 갖고 기업을 부흥시키기도 하지만 반대로 그들의 잘못된 행동이 기업, 더 나아가 세계 경제를 위기에 빠뜨리기도 합니다. 2008년, 리만 브라더스의 서브 프라임 모기지 사태로 시작된 세계 금융 위기는 당시 내로라하는 글로벌 금융 기업의 CEO를 중심으로 경제학 교수, 금융 전문 브로커들의 만연한 도덕적 해이와 잘못된 정부 정책에 기인했습니다.

어떤 금융 전문가는 냉전시대가 끝나자, 물리학자, 수학자들이 그동안 무기 기술에 사용하던 지식을 금융 시장에 활용하면서 금융 파생상품이 엄청나게 증가하였고 여기에 투자 은행, 헷지 펀드들이 합세하면서 전혀 새로운 금융 무기를 만들어 낸 것이라고 했습니다. 워런 버핏조차도 이를 대량 살상 무기에 비유하곤 했습니다. 2008년 금융위기는 1929년의 대공황에 버금갈 정도로 세계 경제를 혼란에 빠뜨린 것은 물론이고 부익부 빈익빈 현상을 가속화시킨 결과를 초래하였습니다.

이처럼 기업에서 CEO의 역할은 점점 더 중요해지고 있습니다. 물론 CEO 한 명이 기업을 바꿀 수는 없습니다(전문 경영인의 경우, 대리인 문제(Agency problem)로부터 자유로워져야 장기적인 목표를 위한 의사 결정 용이). 제아무리 스티브 잡스라도 그의 역량만으로 혁신의 지속성을 담보할 수는 없습니다. 구성원들과 함께하는 변화 관리(제도/문화/시스템 등)가 밑받침되지 않는다면 일회성 혁신에 그칠 가능성이 높기 때문입니다.

과거, 전통만을 중시하다 매출이 30% 이상 급감한 위기에 처했던 구찌는 '그림자 위원회'(의사결정이 필요한 중요 사안에 대해 고위 경영진들과 토론 후, 30대 미만의 젊은 사원들의 의견을 들어 최종 의사 결정하는 리버스 멘토링 제도로서 여타 기업들이 운영하는 복지 제도 개선 차원의 위원회와 차이가 있음)를 도입하여 밀레니얼(millennial) 세대를 공략하기 위한 과감한 변신을 꾀했습니다. 이를 통해 한동안 고루하고 그저 따분한 명품 브랜드로만 여겨지던 구찌는 밀레니얼 세대가 가장 좋아하는 패션 브랜드로 탈바꿈했습니다.

매출은 2017년을 기점으로 매년 50% 가까이 성장해 왔으며, 매출의 50% 이상을 35세 이하 젊은 층에서 창출하고 있습니다. 또한 명품 브랜드 최초의 온라인 판매 채널 구축, 구찌 플레이스 같은 O2O(online to offline) 추진, 모피 가죽 옷 생산 전면 금지 등 그림자 위원회를 통해 이루어 낸 성과들이 꽤 많습니다. 이처럼 기업 문화를 바꿀 수 있는 CEO와 그것을 충분히 소화할 수 있는 열린 구성원들이 하나가 될 때 기업은 더욱 성장할 수 있습니다.

아울러 기업의 민주주의(수평적 조직 문화의 포괄적 의미)에 대해서도 냉정하게 고민해 봐야 합니다. 어떤 면에선 기업의 민주주의가 정치나 사회의 민주주의보다 뒤떨어졌다고 할 수 있습니다. 왜냐하면 우리가 정치나 사회적 이슈에 대해 개인 의견을 밝힌다고 해서 생업에 불이익을 받지는 않지만 기업에서 위계질서를 벗어난 소신과 행동은 불이익을 받을 수 있기 때문입니다. 하지만 우리는 기업 민주주의가 곧 기업의 성과에 지대한 영향을 미친다는 것을 알아야 합니다.

그렇다고 기업 민주주의가 앞서 구찌의 그림자 위원회, EU 기업들에서 종종 볼 수 있는 노동자의 경영 참여 등 꼭 거창한 제도로 발현될 필요는 없습니다. 직급/직함/나이라는 상하 관계의 벽을 허물 수 있는 자유로운 의견 개진 문화. 누구든 잘못된 것에 대해선 직언하고 그것이 타당하다면 누구의 의견이든 받아들일 수 있는 문화. 그리고 구성원들에게 비전과 가치를 공유하고 심어 줄 수 있는 문화. 그것이 기업 민주주의일 것입니다.

최근 직장 내 밀레니얼 세대가 늘어나자 많은 기업들에서 수평문화를 강조하는 캠페인을 벌이고 있습니다. 그런데 그것이 단지 캠페인으로만 그치는 것은 왜일까요? 기업 민주주의는 최고의사결정권자가 스스로 열린 의사결정 과정을 보여 주지 못하면 절대 이루어질 수 없기 때문입니다. 마치 아버지를 아버지라 부르지 못하는 홍길동이 처한 현실처럼 기업 내 대부분의 중요한 문제들은 근본적 원인을 꺼내지 않은 채 표면적 원인들만 다루고 그것을 제대로 말할 수 없는 조직 문화에 기인한 것은 아닌지 되돌아볼 필요가 있습니다.

밀레니얼 세대를 분석한 책들을 보면, 직장 내 민주주의에 대한 언급이 많습니다. 기성 세대와 밀레니얼 세대의 간극을 극명하게 보여 주는 단어인 '꼰대'도 관습적으로 내려온 일본식/군대식 서열 문화에 기인합니다(직장에서 무심코 사용 중인 사수/부사수도 군사 용어의 산물). 물론 요즘 군대는 스마트폰 사용, 계급별 내무반 구분 등 파격적인 제도를 통해 꼰대 문화 개선에 적극적입니다.

기업은 재무적 성과를 위해서는 그 어떤 조직보다 빠르게 변할 수 있는 조직입니다. 그러므로 생산성 차원에서 기업 민주주의를 다시 바라본다면 그것은 개발/생산/전략/운영/마케팅/영업 등 전 가치 사슬(Value Chain)의 혁신을 이끄는 원동력이 될 것입니다.

　　문득 중국의 한 매체가 선정한 대한민국의 국보가 떠오릅니다. 피겨 스케이트 선수 김연아, 아이들 그룹 BTS, 축구 선수 손흥민, 영화 감독 봉준호, 게이머 페이커. 이들이 대한민국에 미친 빌바오 효과는 참 대단할 것입니다. 가정, 지역 사회, 동아리, 회사에서 우리는 얼마나 큰 빌바오 효과를 내고 있을까요?

건축과 마케팅은
발가락이 닮았다

『발가락이 닮았다』는 1932년 김동인이 지은 단편 소설로 한때 국어 교과서에 수록되었습니다. 물론 소설에서는 씁쓸한 웃음을 짓게 하는 역설적 의미로 사용되지만 여기서는 건축과 마케팅의 숨겨진 닮은 꼴을 이야기하고자 합니다. 양말을 벗어야만 알 수 있듯이 말이죠.

건축학자 김광현 교수는 건축은 한마디로 "함께 짓는다는 것"이라고 말했습니다. 함께 짓기를 함으로써 건축물 안에 있는 존재의 가치를 더 빛나게 만들기 때문입니다. 독일의 실존주의 철학자 마르틴 하이데거도 인간은 '짓는 행위'를 통해 어떻게 거주하는지 배운다고 했습니다. 그런 면에서 용도가 명확히 밝혀지지 않았지만, 스톤헨지

(Stonehenge, 세계 불가사의 중 하나)가 공동의 가치를 실현한 최초의 건축으로 알려져 있습니다.

베네수엘라 수도 카라카스에는 토레 데 다비드(Torre de David)라는 버려진 고층 빌딩이 있습니다. 1990년 착공했으나 금융 위기로 건설이 중단되어 지금은 방치된 마천루입니다. 그러자 약 5,000여 명의 도시 빈민들과 노숙자들이 이 빌딩에 들어가 살기 시작하며 세상에서 가장 높은 슬럼가를 형성했습니다. 그들은 직접 수도와 전기를 끌어왔고 빌딩 내 세탁소, 미용실, 교회 등 공공 시설을 함께 지으며 생활하고 있습니다.

토레 데 다비드는 인간의 짓는 능력을 잘 보여 준 대표적 사례로서, 2012년 베네치아 건축비엔날레 황금사자상을 수상했습니다. 완성되지도 못한 건축물이 말이죠. 미완의 방치된 건축물이 수상을 한 이유는 무엇일까요? 그것은 인간 스스로 짓기를 잊은 아름다운 건축물보다 비록 방치되었지만 함께 지음으로써 건축물 안에 있는 존재의 가치를 일깨워 준 건축의 근원적 의미 때문일 것입니다.

건축은 누구를 위한 것일까요? 핀란드 헬싱키의 한 서점에는 세 개의 손잡이가 있는 문이 있습니다. 왜 손잡이가 세 개나 있을까요? 그 이유는 어린이부터 어른까지 서점을 이용하는 사람의 눈높이에서 설계되었기 때문입니다. 물론 자동문으로 대체하면 더 편리할 수도 있겠죠. 하지만 자동문은 방문자들이 손잡이를 통해 그 공간과 처음으로 악수를 한다는 정서적 교감을 대신할 수 없을 것입니다.

토레 데 다비드

아카데미아 서점의 문

반면에 런던의 랜드마크이자 민폐의 상징이 되어 버린 빌딩이 있습니다. 이 빌딩은 세계 유명 건축가인 라파엘 비뇰리에 의해 설계된 것으로서 외관이 마치 무전기 모양을 닮아서 워키토키라는 이름으로 널리 알려져 있습니다. 그런데 오목한 외관의 유리가 태양 빛을 그대로 반사해 버리는 바람에 빌딩 주변의 온도가 무려 섭씨 90도에 달하여 지나가는 사람들이 큰 불편을 겪고 있는데, 반사한 빛을 받은 자동차의 보닛이 저절로 녹아내릴 정도라고 합니다. 마치 고대에 아르키메데스가 청동 거울로 태양 빛을 반사해 로마의 함선을 불태웠던 것처럼 도심 속 빌딩이 공포의 무기가 된 것입니다. 제아무리 유명한 건축가의 작품일지라도 '함께 짓고 함께 살아가기'를 전혀 고려하지 않은 채 겉모습만 강조되다 보니 2015년 카번클 컵(최악의 디자인 빌딩에 주어지는 상)을 받기도 했습니다.

우리가 배웠고 우리의 아이들이 배우는 학교 공간은 어떤가요? 오늘날 학교의 기원은 18세기 영국의 산업혁명 시대로 거슬러 올라갑니다. 산업화가 급속하게 진행됨에 따라 도시로 노동자들이 한꺼번에 몰려들었고, 노동자들의 자녀를 집단으로 위탁 관리해 줄 공교육이 필요해졌습니다. 그래서 수많은 아이들을 가로로 정렬된 여러 개의 긴 책상에 앉히고 교사가 지정한 각 줄의 학생(반장)이 나머지 아이들을 감시하는 구조의 학교가 생겨났습니다.

이때 아이들이 앉아 있던 긴 의자를 'Form'으로 불렀습니다. 산업혁명 시대 학교 공간의 개념, 교육 철학 및 방법이 오늘날의 학교에 그대로 전해진 것입니다. 더 나아가 건축학자 유현준 교수는 천편일률적인 학교와 감옥의 모습이 다르지 않음에 안타까워하기도 했습니다.

로마 시대의 건축가 비트루비우스 폴리오는 그가 집필한『건축 십서』(고대 건축서로 오늘날 건축학도의 바이블로 여겨지는 책)를 통해 firmitas(강), utilitas(용), Venustas(미)의 3가지 본질을 강조했습니다. firmitas는 튼튼한 안전을, utilitas는 쓰임새 있는 유용성을, Venustas는 기쁨(Delight)을 의미합니다. 이 중, 건축의 대상(사용자)을 위한 '기쁨'의 건축물을 소개해 드립니다.

후지 유치원

케냐 마히가 호프 학교

나는 예술로 경영을 배운다

일본 도쿄에는 '아이들에게 달리는 기쁨을 준다'라는 건축물의 공동 가치를 아주 잘 실현한 도넛 모양의 후지 유치원이 있습니다. 아이들은 열린 공간에서 자유롭게 뛸 수 있으며, 마치 동화『잭과 콩나무』처럼 건물 내부에서 천장을 관통하는 나무와 어울릴 수 있습니다.

필자가 수년 전 중국 베이징 출장 중 공원 내 한 카페에 들른 적이 있었습니다. 그런데 카페 한가운데 거대한 느티나무 한 그루가 천장까지 솟아 있었습니다. 처음엔 그저 인공 나무인 줄 알았는데, 현지인들의 이야기를 들어 보니 자연 상태의 나무를 그대로 둔 채 건물이 그것을 둘러싸는 구조로 카페를 설계했다는 것입니다. 즉, 건축물에 자연을 맞춘 것이 아니라 자연에 건축물을 맞춘 것입니다.

아프리카 케냐 산간 지역에 마히가 호프라는 학교가 있습니다. 아프리카의 많은 지역이 그렇듯 이곳도 극심한 물 부족에 시달렸는데 2010년, 국제 비영리기구에서 공동의 가치를 실현할 수 있는 해결안을 마련해 주었습니다. 지역 주민, 교사, 건축가가 힘을 모아 학교 지붕에 정화 처리되는 빗물 저장고를 설치한 것입니다. 이 물이 학생들에게 희망과 기쁨을 안겨 주었고, 그 후 전국에서 최하위권 성적을 받았던 마히가 호프 학교는 1년 6개월 만에 아주 우수한 성적의 학교로 변했습니다.

이제 건축 예술이 마케팅과 닮은 점을 살펴보겠습니다.

첫째, 우리는 어떤 건축물이 좋든 싫든 그곳을 지날 때마다 어쩔 수 없이 그것을 볼 수밖에 없습니다. 이처럼 건축물은 어떤 목적성을 갖고 있지 않더라도 늘 우리 주변에서 마주할 수 있는 일상이 될 수 있습니다. 마케팅도 마찬가지입니다. 주변의 상품과 서비스, 크고 작은 가게(유통) 등 마케팅의 주요 요소들은 다양한 미디어를 통해 노출되며 거의 모든 일상과 환경이 마케팅 활동이거나 그 부산물이라고 할 수 있습니다. 세상 어디든 마케팅의 개념이 적용되지 않는 곳은 없습니다.

둘째, 사회 구성원들의 지속적 합의가 중요하다는 점입니다. 가우디가 설계한 사그라다 파밀리아가 위대한 것은 경이로운 모습 자체보다 당시의 기준으로 볼 때 너무나 파격적이고 엄청난 규모의 건축물을 짓기로 한 위원회의 합의와 지속적인 지지의 과정 때문입니다. 마케팅에서도 상품과 커뮤니케이션의 혁신은 경영진들과 구성원들의 합의와 지지 없이는 결코 지속될 수 없습니다.

셋째, 건축의 가치가 사회적 문제를 공간으로 해결하듯이, 좋은 마케팅도 사회적 문제를 해결해 줄 수 있습니다. 마케딩은 단순히 무엇인가를 알리고 전달하는 것이 아니라 그 무엇을 제대로 만들고 사회에 기여한다는 의미를 내포하고 있기 때문입니다.

독일의 한 자동차 회사가 기획한 마케팅 캠페인이 있습니다(일명 춤추는 신호등). 신호등 속 빨간 사람이 춤을 추기 시작하자, 바삐 가던 사람들도 발걸음을 멈추고 신호등을 바라봅니다. 그러다 몸을 흔들면서 신호등 속 사람을 따라 해 봅니다. 춤추는 신호등 근처에는 사람이 들어갈 수 있는 부스가 있는데 여기서 춤을 추면 그 모습이 신호등

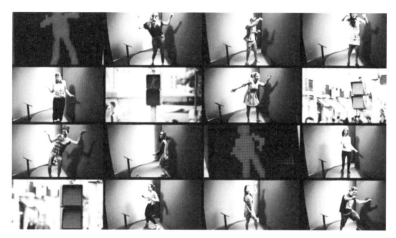

춤추는 신호등 캠페인

Rice Code 캠페인

에 투사되도록 만들었기 때문입니다. 이러한 마케팅 캠페인은 보행자의 안전을 위해 기획한 것으로 캠페인 시행 이후 무단 횡단 비율이 81%나 감소했습니다.

2014년 칸 국제 광고제 금상을 받은 일본의 하쿠호도 라이스 코드입니다. 인구 감소로 인해 쌀 수요가 감소하자, 작은 농촌 마을인 이나카다테는 경제적으로 큰 타격을 받았습니다. 그래서 이러한 문제를 해결하기 위해 수확 시즌에 맞춰 논밭에 거대한 크기의 쌀 그림이 나타나도록 벼를 심었으며 사람들이 스마트폰의 QR코드로 그림을 스캔하여 직접 쌀을 구매할 수 있게 만들었습니다. 캠페인을 통해 농가는 쌀 판매뿐 아니라 수많은 관광객을 유치할 수 있었습니다.

넷째, 건축학자 김광현 교수는 어느 인터뷰에서 건축은 관찰하고 체험하고 해석하는 것이라며 다음과 같이 말했습니다. "주변을 관찰하고 사람이 어떻게 사는지 자신의 눈으로 직접 봐야 합니다. 건축은 생활 속에서 체험되는 것이거든요. 그러면 종이, 나무, 벽돌, 빛, 콘크리트 등 늘 마주하는 일상의 것들이 이전과 다르게 느껴집니다."

예전에 전주 한옥 마을을 두 번째로 방문한 적이 있습니다. 첫 번째 방문에서는 한옥의 내부가 먼저 보였던 반면 이번에는 한옥과 어우러진 외부가 먼저 눈에 들어왔습니다. 특히, 한옥의 처마 끝이 멀리 보이는 산자락과 어우러져 마치 지붕 위에 산자락을 살포시 얹어 놓기라도 한 듯했습니다. 이렇듯 처음 방문하는 장소라도 새로운 시각으로 보지 못하면 진부하고, 여러 번 방문한 장소라도 새로운 시각으로 바라보면 늘 새로운 곳이 됩니다.

마케팅도 마찬가지입니다. 마케터가 새로운 시각으로 세상을 볼 수 있는 눈(인식)을 갖지 못하면 제아무리 새롭고 좋은 상품을 만들어도 고객은 기존의 수많은 상품들과 전혀 다를 게 없는 그저 그런 상품으로 인식할 것입니다. 즉, 건축과 마케팅 모두 관찰과 체험을 통해 새로운 눈을 가지는 것이 중요합니다.

이상, 건축과 마케팅의 닮은 꼴을 찾아봤습니다.

예전에 미술관에서 돌과 철을 매개로 한 이우환 작가의 조각품을 본 적이 있습니다. 돌은 자연을 상징하고 철은 인간이 만든 것이므로 자연과 인간을 연결해 준다는 의미입니다. 그런데 조형물이 실외에 있지만 실내의 통유리를 통해서만 볼 수 있도록 설치되어 있었습니다. 실내에 있으면서도 햇살, 비, 눈, 바람 등 자연과 교감할 수 있다는 것. 안과 밖이라는 이분법적 사고의 틀을 깨고 안팎을 공존할 수 있는 즐거움. 오늘날 도시에서 스스로 짓기를 잊은 채, 똑같은 상자속에서 안팎을 철저히 구분하며 살아가고 있는 우리.

우리는 건축과 마케팅이 전달하고자 하는 나만의 즐거움을 어떻게 찾을 수 있을까요?

"God is in the details."
– 미즈 반 데 로우

Part 04.

온몸으로 느끼는

종합 예술 편

가정 파괴의 주범,
오페라와 바라봄의 미학

오페라의 기원은 1597년, 이탈리아 피렌체의 한 귀족 모임(Camerata)에서 비롯되었으며 현대적인 모습을 갖춘 최초의 오페라는 몬테베르디의 〈오르페오〉(1607년)입니다. 오늘날처럼 볼거리가 많지 않았던 중세 시대에는 오페라가 유일한 문화 공연이었으므로 평민들은 오페라를 보기 위해 농사일마저 미루었고, 급기야 부인들이 교황청에 오페라 공연 금지 탄원서를 제출하였습니다. 이에 한동안 상업 목적의 오페라 공연이 금지되는 진풍경이 벌어졌습니다. 귀족들의 예술로 시작되었지만 이후 '오페라 과부'라는 말이 생길 정도로 대중문화로 자리매김하게 된 것이죠.

한편, 오페라가 대중적인 공연 예술로 바뀌다 보니 귀족들은 자신들의 특권을 과시하기 위해 별도로 2층에 박스 좌석을 만들었습니다. 이 좌석은 마치 오늘날 프로 야구장의 시즌권 좌석처럼 식사도 가능한 프라이빗 공간으로 사용되었습니다. 프리미엄 좌석의 시초가 된 것이죠.

오페라가 본격적으로 꽃피우기 시작한 것은 바로크 시대입니다. 바로크 음악의 대표 주자 헨델은 오페라 극장 경영을 통해 큰 수익을 창출하여 기업가로서의 면모를 보여 주었습니다. 헨델은 독일에서 태어났지만 자유롭고 화려한 선율을 지향하는 그의 음악 스타일을 추구하기 위해 영국에서 주로 활동했습니다. 특히 오페라 작곡에 열정을 쏟았는데 그의 작품 〈리날도〉 중 '울게 하소서'는 300여 년 전의 곡임에도 불구하고 지금 들어도 마치 현대 음악처럼 아주 세련된 곡입니다.

한편, 프랑스 혁명의 불씨가 된 오페라가 있었습니다. 극작가 보마르셰의 희곡을 원작으로 모차르트가 작곡한 〈피가로의 결혼〉입니다. 이 오페라는 결혼을 앞둔 하인, 피가로와 수잔나가 꾀를 내어 백작의 초야권(귀족이나 영주가 자신의 가문에 속한 여자 하인이 결혼하기 전에 첫날밤을 보낼 수 있는 권리)을 저지하는 풍자극입니다. 귀족의 위선과 탐욕을 비판했다는 이유로 한때 상영이 금지되었습니다. 그러나 귀족층의 부패 및 부르주아 계층의 성장이 맞물리며 〈피가로의 결혼〉 공연 3년 후 프랑스 혁명이 발발하였습니다.

19세기, 낭만주의 시대를 맞이하여 오페라가 전 유럽에서 크게 부흥하였습니다. 특히 오페라의 나라로 불리는 이탈리아는 오스트리아와 프랑스의 지배를 받았기에 애국심을 고취한 베르디의 작품이 대중

귀족의 무위도식을 풍자한 그림

의 사랑을 받았으며 그중 고대 이집트를 배경으로 슬픈 사랑을 다룬 〈아이다〉는 오늘날 뮤지컬로 장기 공연될 정도로 인기를 얻고 있습니다. 이탈리아에서 상영된 오페라 〈아이다〉는 실제 말들과 코끼리가 등장하였으며 출연진이 무려 10,000여 명이나 됩니다.

　베르디와 더불어 이탈리아의 대표적 작곡가로 자코모 푸치니가 있습니다. 베르디의 작품이 웅장하고 화려한 반면, 푸치니의 작품은 서정적이고 섬세합니다. 푸치니의 작품 중 빅토르 위고의 『환락의 왕』을 원작으로 한 오페라 〈리골레토〉가 흥행에 크게 성공했는데 초등학교 음악 교과서에 실렸던 〈여자의 마음〉이 바로 이 오페라에 나오는

오페라 〈아이다〉 공연의 한 장면(뉴시스)

곡입니다. 베르디는 〈라보엠〉, 〈라 트라비아타〉, 〈나비 부인〉 등 수많은 곡을 남겼으며 "내 최고의 작품은 다음 작품이다."라는 말을 남길 정도로 80세까지 왕성한 작곡 활동을 했습니다.

한편, 독일의 오페라는 성악보다 오케스트라가 극 전체를 주도하는 특징을 가지고 있으며 대표 작품인 바그너의 〈니벨룽의 반지〉(게르만 신화를 바탕으로 신과 인간의 싸움을 다룸)는 보통 4일에 걸쳐 총 15시간 공연을 합니다. 그 외 프랑스의 조르주 비제는 발레 요소를 가미한 오페라를 만들어 음악에 관능을 입혔다는 평을 받았습니다.

오페라에서 가장 큰 비중을 차지하는 요소는 가수입니다. 뮤지컬 배우 대비 음역대가 폭넓고 성량이 풍부해야 하는데, 오페라의 경우 보통 2천 석이 넘는 공간과 오케스트라의 연주 소리를 뚫고 관객과 호흡해야 하기 때문입니다. 그러다 보니 파바로티처럼 다소 큰 체구의 성악가들이 높은 대우를 받았으나 미디어 시대인 오늘날은 역할에 맞는 외형을 선호하는 분위기입니다. 오페라는 마리아 칼라스 이전과 이후로 나뉜다는 말이 있는데 그녀는 배역 수행을 위해 무려 40㎏을 감량하기도 했습니다.

여성 소프라노의 유형

소프라노는 소프라(sopra: ~위에)라는 이탈리아어에서 비롯되었으며 여성의 음역대에 따라 세 가지 유형으로 분류됩니다.

- 리릭: 서정적이고 감미로운 소프라노
- 레제로(or 드라마티코): 가볍고 경쾌함 / 넓은 음역대의 극적 표현에 어울리는 소프라노
- 콜로라투라: 소리에 색을 입히듯 가장 화려하고 기교적인 소리를 내는 소프라노를 일컬으며 성악가 조수미가 대표적

요즘은 오페라 실황을 영화관이나 문화 회관에서 상영하는 경우가 종종 있습니다. 카메라 포커스를 통해 중요한 장면을 집중해서 볼 수 있고 해외 원작의 경우 자막을 통해 내용 전달이 용이하므로 평소 오페라를 접하기 어려운 사람들에게 좋은 기회가 되고 있습니다.

역사적으로 보면 도태되거나 사양길에 접어든 산업이 있습니다.

광업과 농업이 그러했고 석유 산업도 그런 날이 곧 도래할 것입니다. 하지만 엔터테인먼트 산업은 인류가 존재하는 한 절대 망하지 않을 것입니다. 17세기 최고의 엔터테인먼트 산업이었던 오페라가 뮤지컬, 영화, 연극, 콘서트, 스포츠 등으로 확대/변형되었을 뿐, 현재와 미래에도 '본다'라는 엔터테인먼트 산업의 본질은 변하지 않습니다. 오페라를 보듯이 인류는 어쩌면 무엇인가를 보고 즐기기 위해 존재할지도 모릅니다.

네덜란드의 문화 사학자 요한 호이징아(Johan Huizinga)는 저서 『호모 루덴스』를 통해 놀이하는 인간을 역설했습니다. 인간의 놀이 중에 꽤 큰 비중을 차지하는 것이 바로 보는 것입니다. 그런데 우리가 이러한 엔터테인먼트 문화를 즐기는 것은 그냥 '보기'가 아니라 '바라보기'입니다. 영화나 공연을 볼 때면 그 어느 때보다 집중해서 스토리를 이해하려 노력하고, 관람을 마친 후에 그 내용을 나만의 생각과 방식으로 정리하여 감상 평을 남깁니다. 이것이 '바라보기'입니다. '바라보다'는 다음의 세 가지 사전적 의미를 가지고 있습니다.

- 어떤 대상을 바로 향하여 보다.
- 어떤 현상이나 사태를 자신의 시각으로 관찰하다.
- 실현 가능성이 있다고 생각한 일에 기대나 희망을 가지다.

즉, 명확한 대상을 향하여 보는 것이며, 그것을 자신의 시각으로 관찰하는 것이며, 때로는 바람직한 방향이나 원하는 일에 대한 기대를 가지고 보는 것입니다. 그래야 진정으로 보는 즐거움을 누릴 수 있기 때문입니다. 기업에서 현상과 문제를 파악한다는 것은 그냥 '보기'가 아닌 '바라보기'입니다. 『Hidden in Plain Sight』를 지은 얀 칩체이스는 평범한 일상에서 관찰의 중요성을 강조했습니다. 우리도 일상에서 '바라보기'를 한다면 그것은 통찰이자 혁신으로 연결될 수 있습니다. 그동안 우리는 얼마나 '바라보기'를 했나요? 이제 주변을 그냥 보지 말고 지그시 '바라보기'를 시도해 보기 바랍니다.

뮤지컬의
글로컬라이제이션(Glocalization)

뮤지컬의 기원은 18세기 발라드 오페라로 거슬러 올라갑니다. 왕족과 귀족 대상의 전통적인 오페라에 비해 부유한 상인들을 대상으로 한 발라드 오페라는 존 게이의 〈거지 오페라〉가 엄청난 성공을 거두며 오늘날 뮤지컬의 토대가 되었습니다.

그럼, 오페라와 뮤지컬의 차이는 무엇일까요? 언뜻 보기에 비슷해 보이지만 한마디로 오페라는 노래에, 뮤지컬은 춤과 연기에 더 집중하고 있습니다. 그래서 오페라의 경우 마이크를 사용하지 않고 뮤지컬의 경우 마이크를 사용하며, 오페라 가수와 뮤지컬 배우로 호칭을 달리 부르는 것입니다.

흔히 우리에게 세계 4대 뮤지컬로 알려진 〈오페라의 유령〉, 〈레미제라블〉, 〈캣츠〉, 〈미스 사이공〉은 뮤지컬 제작의 거장 캐머런 매킨토시의 작품들로 '흥행 빅4' 정도가 적절한 표현입니다. 흥행과 작품성이 항상 일치하는 것은 아니기 때문입니다. 개인적인 소견으로 빅 4중 〈레미제라블〉을 제외하고 작품의 수준을 떠나 곡의 인기가 워낙 높아 유명해진 측면도 있습니다. 최근 브로드웨이에서 가장 뜨거운 뮤지컬은 〈해밀턴〉(미 건국의 주역인 알렉산더 해밀턴의 이야기를 다룸)으로 티켓 요금이 무려 500달러~1,000달러에 이르며 그마저도 티켓을 구하기 위해 수년을 기다려야 한다고 합니다.

세계 흥행 빅4 뮤지컬!

https://terms.naver.com/entry.nhn?docId=3578244&ci
d=58778&categoryId=58778 (네이버 지식백과)

〈캣츠〉

T.S 엘리엇의 시를 토대로 만들어졌으며 매년 수많은 고양이들이 모여서 환생의 기회를 얻을 수 있는 한 명(?)을 선출하는 내용입니다. 과거의 아름다움을 잃어버린 늙은 고양이 그리자 벨라의 노래 〈Memory〉가 유명한데 1982년 개막 이래 1년 동안 미국의 라디오 음악방송에서만 무려 백만 번 정도 흘러나왔을 정도라고 합니다.

〈오페라의 유령〉

프랑스 작가, 가스통 르루의 원작 소설(1909년)에 뮤지컬 작곡가, 앤드루 로이드 웨버가 곡을 입혔습니다. 사실, 그는 〈캣츠〉의 작곡가이기도 하며 〈캣츠〉의 배우 중, 사라 브라이트만과 결혼을 했고 그녀를 위한 뮤지컬을 작곡한 것이 바로 〈오페라의 유령〉입니다. 괴물의 모습을 가진 한 남자가 아름다운 오페라 가수에게 음악적 영감을 전수하는 내용입니다.

〈레미제라블〉

빅토르 위고의 동명 소설이 원작이며, 프랑스 혁명 시대를 배경으로 사회의 구조적 모순을 다루고 있습니다. 그러다 보니 작품 속 곡 중 〈One day More〉는 빌 클린턴 전 대통령의 후보 유세곡으로 쓰였으며 〈Do you hear the people sing?〉은 중국의 천안문 민주화 운동과 우리나라 촛불 집회 때 불리기도 했습니다.

〈미스 사이공〉

푸치니의 오페라, 나비 부인의 스토리를 베트남 전쟁 시대로 가져온 것인데 헬리
콥터가 나오는 장면이 압권입니다. 사실, 내용적인 측면에서 보면 전쟁의 참상 속
연인의 사랑을 다루었다고 하나 수동적이고 복종적인 여성상의 고착화와 불편한
장면들이 꽤 있어 어린이들과 함께 관람은 비추입니다. 한국인 최초로 홍광호 배
우가 웨스트 엔드 무대에 베트콩 장교 역으로 출연했습니다.

우리나라의 뮤지컬 시장은 어떨까요? 뉴욕의 브로드 웨이, 런던의
웨스트 엔드처럼 뮤지컬 1번가가 별도로 조성되어 있는 것은 아니지
만 뮤지컬 수요가 폭발적으로 증가해 왔습니다. 한국뮤지컬 협회의
자료에 따르면, 2000년 150억 원 정도의 시장 규모가 2018년 3천500
억 원 정도로 23배나 성장했습니다. 더군다나 드라마에서 비롯된 대
표적 한류가 K-팝, K-무비에 이어 K-뮤지컬 영역까지 확대되는 모

습을 보이고 있습니다. 〈명성황후〉, 〈웃는 남자〉, 〈프랑켄슈타인〉, 〈빨래〉 등 국내는 물론 해외에서도 인기 있는 창작 뮤지컬이 속속 나타나고 있기 때문입니다.

뮤지컬은 창작 뮤지컬과 라이선스 뮤지컬로 구분되며 라이선스 뮤지컬은 다시 레플리카(Replica)와 넌레플리카(Non-replica)로 구분합니다. 여기서 라이선스 뮤지컬은 해외 원작에 저작료를 지불하고 들여오는 것으로 레플리카의 경우 원작과 동일한 소품, 의상을 사용하고 대사와 노래는 우리말로 바꾸어 공연하는 것이며 넌레플리카의 경우 대본과 음악만 원작과 동일하고 나머지는 현지에 맞게 바꿀 수 있는 공연을 의미합니다.

참고로 창작 뮤지컬은 원작의 유무와 상관없기 때문에 빅토르 위고의 동명 소설을 원작으로 한 〈웃는 남자〉, M.W 셸리의 〈프랑켄슈타인〉 등이 창작 뮤지컬에 속합니다. 대개 100년이 지난 작품들로 저작권료를 지불할 필요가 없기 때문입니다.

우리나라의 창작 뮤지컬은 해외 국가별 인기 있는 장르가 사뭇 다른데요, 예를 들어 일본에서는 〈셜록 홈즈〉, 〈앤더슨 가의 비밀〉 같은 추리 뮤지컬이, 중국에서는 〈김종욱 찾기〉, 〈총각네 야채가게〉 같은 로코(로맨틱코미디) 뮤지컬이 성공했습니다. 즉, 국가나 문화 특성에 따라 관객의 선호 뮤지컬이 다르다는 것입니다. 또한 오리지널 공연팀이 직접 공연하기보다 그 나라의 배우와 스태프들이 현지에 맞게 바꾸는 넌레플리카 공연이 많습니다.

아시아 작품 중, 최초로 브로드웨이에 진출한 뮤지컬은?

바로 우리나라의 〈명성황후〉입니다. 무려 55곡으로 이루어진 뮤지컬인데 이처럼 노래로 시작해 노래로 끝난다는 의미에서 송스루(Song-through) 뮤지컬이라고 부릅니다. 아마 한국의 역사와 문화에 낯선 서양인들 입장에선 대사보다 노래가 더 이해하기 편했을 것입니다. 〈레미제라블〉, 〈노트르담 드 파리〉 등도 대사보다 노래가 많아 송스루 뮤지컬에 속하며 오페라에 가까운 뮤지컬이기도 합니다.

글로벌라이제이션(Globalization)이 기업의 중요한 활동으로 여겨진 지는 꽤 오래되었습니다. 그런데 무분별한 글로벌라이제이션이 한계에 부딪치자 세계 각 지역의 특성을 고려한 글로컬라이제이션(glocalization)의 중요성을 깨닫게 되었습니다.

글로컬라이제이션이란 세계화를 의미하는 '글로벌라이제이션'과 지역화를 의미히는 '로길라이세이션(localization)'의 합성어로 마케팅에서 주로 사용되었는데, 지역의 문화적 특성을 고려하여 세계화를 추진한다는 뜻입니다. 라이선스 뮤지컬의 경우 주로 넌레플리카 형태로 공연되는 것과 같은 이치입니다.

맥도날드가 세계화를 위해 한국식 햄버거인 불고기버거를 만들고 인도에서는 양고기와 닭고기를 사용하는 것도 글로컬라이제이션의 사례입니다. 과거 대형 유통 할인점 월마트와 까르푸는 한국의 문화적 특성을 이해하지 못한 채 그들의 영업 방식을 고수하다 철수한 바 있습니다.

글로컬라이제이션으로부터 본받을 만한 삶의 태도가 있습니다. 그것은 매사에 크게 생각하고 세밀하게 적용하는 것입니다.

"*Think globally, Act locally!*"

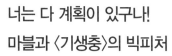

너는 다 계획이 있구나!
마블과 〈기생충〉의 빅피처

"너는 다 계획이 있구나!" 전 세계에서 작품성을 인정받은 봉준호 감독의 영화 〈기생충〉의 명대사입니다. 그렇습니다. 어떤 일을 하기에 앞서 계획이 있어야 그것을 의도한 대로 마칠 확률이 높아집니다. 물론 그 의도가 좋은 것인지, 잘못된 것인지도 따져 보아야 합니다만 전략적 측면에서 보면 자신이 의도한 대로 실행하기 위한 첫걸음이 바로 계획입니다.

마블(1939년 마블 히어로들의 아버지라 불리는 스탠리가 설립한 만화 콘텐츠 회사로 2009년 월트 디즈니 컴퍼니에 인수됨)은 2008년 동명의 만화를 원작으로 한 아이언맨을 시작으로 현재까지 총 23편의 시리즈와 스핀 오프 작품들을 만들었으며 아직도 그 끝을 알 수 없는 연관 작품들(2020년부터 Phase 4 제작 예정)을 제작하고 있습니다. 마블의 영화 대부분에는 엔딩 크레딧에 쿠키 영상이 나오는데, 이는 이후 만들어질 영화의 복선이 되며 다른 히어로들이 나오는 영화의 스토리와 연결됩니다.

마블의 영화와 각 캐릭터들은 일명 마블 시네마틱스 유니버스(Mavel Cinematics Universe)라 불리는 영화적 세계관을 위해 치밀하게 연결되어 서로에게 영향을 미칩니다. 즉 영화 한 편의 기획 단계에서부터 다음 편, 아니 다다음편, 향후 모든 편의 스토리와 연결될 수 있도록 얼개를 만드는 것입니다. 그래야 시리즈 전체가 하나의 세계관에 들어갈 수 있기 때문입니다. 더군다나, 하나의 원형을 영화뿐 아니라 TV 시리즈, 온라인 스트리밍 등의 다양한 채널에 맞게 재구성하여 유통시키는 전략(one source multi use)을 통해 그 세계관을 더욱 공고히 할 수 있습니다.

이와 같은 큰 그림(Big Picture)은 마블 크리에이티브 위원회(마블 스튜디오의 CEO인 케빈 파이기가 설립)에서 설계를 하며 각 영화에 맞는 감독을 섭외하는 방식으로 만들어집니다. 그래서 모든 히어로들을 모은 어벤져스 시리즈와 개별 히어로, 또는 복수의 히어로들을 부각시킨 스핀오프 작품 제작이 가능해진 것입니다. 아무리 영화 시스템이 잘 갖추어진 할리우드이지만 이처럼 장기간 수십 편의 스토리가 유기적으로 연결되고 배우들의 연속성이 보장되며 하나의 세계관을 공유할 수 있었던 것은 바로 마블 스튜디오의 큰 그림 때문에 가능했던 것입니다. 이러한 마블의 큰 그림이 경쟁사인 DC코믹스(대표 히어로: 배트맨, 슈퍼맨, 원더우먼, 아쿠아맨 등)를 흥행에서 앞서는 이유이기도 합니다.

마블 영화들이 서로 유기적으로 연결되고 하나의 세계관을 공유하

고 있듯이 시장에서 크게 성공한 상품이나 서비스는 하나의 목표를
달성하기 위한 과정이 유기적으로 연결되어 있습니다.

연도	제목	원제	감독	상태
	페이즈 1			
2008	아이언맨	Iron Man	존 패브로	개봉
	인크레더블헐크	The Incredible Hulk	루이 르테리네	
2010	아이언맨2	Iron Man 2	존 패브로	
2011	토르:천둥의 신	Thor	케네스 브래너	
	퍼스트 어벤져	Captain America:The First Avengers	조 존스턴	
2012	어벤져	Marvel's The Avengers	조스웨던	
	페이즈 2			
2013	아이언맨 3	Iron Man 3	셰인 블랙	개봉
	토르:다크 월드	Thor:The Dark World	앨런 테일러	
2014	캡틴 아메리카:윈터 솔져	Captain America: The Winter Soldier	루소 형제	
	가디언즈 오브 갤럭시	Guardians of the Gaiaxy	제임스 건	
2015	어벤져스: 에이지 오브 울트론	Avengers: Age of Ultron	조스 웨던	
	앤트맨	Ant-Man	페이턴 리드	
	페이즈 3			
2016	캡탠 아메리카:시빌 워	Captain America: Civil War	루소 형제	개봉
	닥터 스트레인지	Doctor Strange	스콧데릭슨	
2017	가디언즈 오브 갤럭시 VOL.2	Guardians of the Galaxy VOL.2	제임스 건	
	스파이더맨:홈커밍	Spider-Man: Homecoming	존 왓츠	
	토르:라그나로크	Thor: Ragnarok	타이카 와이티티	
2018	블랙팬서	Black Panther	라이언 크글러	
	어벤져스:인피니티 워	Avengers: Infinity War	루소 형제	
	앤트맨과 아스프	Ant-Man and the Wasp	페이턴 리드	
2019	캡틴 마블	Captain Marvel	애나 보든, 라이언 플렉	
	어벤져스:엔드게임	Avengers: Endgame	루소 형제	
	스파이더맨:파 프롬 홈	Spider-Man: Far From Home	존 왓츠	
	페이즈 4			
2020	블랙 위도우	Untitled Black Widow Movie	케치트 쇼틀랜드	촬영 중
	이터널스	Untitled The Eternals Movie	클로이 자오	촬영 중

마블의 빅피처를 알 수 있는 작품 연대기 (출처: https://watcha.com)

iPhone을 예로 들어 보겠습니다. 2001년, 휴대용 오디오 플레이어(iPod)로 시작한 Apple은 팟 캐스트, 비디오 플레이어, iTV, iTunes store 등을 출시하며 궁극적 목표인 디지털 허브를 만들었습니다. 그것이 바로 아이폰입니다. 2007년, 최초의 아이폰을 출시하였는데 스티브 잡스는 2001년 이전부터 큰 그림을 그렸던 것으로 알려져 있습니다. 시작할 때부터 어떤 목표를 가지고 있는지가 얼마나 중요한지 잘 보여 주는 사례입니다.

우리는 어릴 적 아주 큰 꿈을 꿉니다. 하지만 나이가 들수록 그 꿈은 왠지 멀어지는 것처럼 느껴집니다. 아마도 그것은 우리가 매우 협의의 직업이라는 명사에 집착하기 때문인지도 모릅니다. 마블 스튜디오나 애플의 경우, 처음부터 큰 그림을 그리되 그것을 하나의 특정 상품으로 정의하지 않았습니다. 마블은 모든 마블 히어로 캐릭터들을 유기적으로 연결하는 세계관을 그렸고, 애플은 모든 사람들로 하여금 언제 어디서든 그들이 원할 때 데이터에 접속할 수 있는 디지털 허브를 꿈꾸었던 것입니다. 즉 포괄적인 동사형 꿈인 것이죠.

스티브 잡스 사후 대부분의 전문가들은 애플의 주가가 이제 떨어질 일만 남았다고 했습니다. 그런데 최근 애플의 시총은 6배나 성장하며 미국 상장사 중 최초로 2조 달러를 돌파하였습니다. 스마트폰 제조사인 그들의 매출 중 서비스 매출이 22%를 웃돌며 디지털 허브를 통한 서비스 생태계의 강자가 된 것입니다.

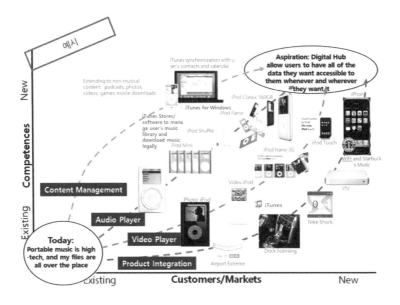

Apple社의 Domain Migration Path

우리 아이들도 동사형 꿈을 꿀 수 있었으면 좋겠습니다. 오늘은 우리 자녀들과 함께 그 꿈을 실현하기 위한 과정에 대해 이야기 나누어 보면 어떨까요?

봉준호 감독의 빅픽처는 지하실이다?

영화 〈기생충〉이 92회 아카데미 시상식에서 작품상을 포함하여 4관왕의 위업을 달성했습니다. 특히 92년 오스카 역사상 외국어 영화가 작품상을 수상한 것은 최초입니다. 여기서 필자는 한국어와 한국 문화를 소재로 이런 수상이 가능했던 이유에 대해 잠시 생각해 봤습니다. 물론 뛰어난 작품성은 두말할 것도 없지만 여기에

혹시 숨겨진 또 다른 비법이 있었던 것은 아니었을까요?

미국인들에게 지하실은 매우 익숙한 공간입니다. 특히 영화나 미드 속 미국의 가정집을 떠올리면 중요한 사건의 배경에는 지하실이 참 많이 나옵니다. 그곳에서 지하실은 비밀의 공간이자 사건의 발단이기 때문입니다. 그동안 작품성이 뛰어난 외국 영화들이 문화적 코드가 맞지 않아 인정을 받지 못한 적도 있었습니다. 그런데 기생충의 지하실 설정은 미국인들의 정서에 잘 맞을 수 있습니다. 가장 한국적인 소재로 가장 미국적인 아카데미 상을 탄 봉준호 감독은 '다 계획이 있었구나~'라는 생각이 들며 혹시 이런 설정이 봉준호 감독의 빅피처는 아니었을까요? 혹시 처음부터 미국 시장을 공략하기 위한 글로컬라이제이션은 아니었을까요?

"당신에게 전략이 없는 경우 당신은 누군가가 세운 전략의 일부가 된다."
– 앨빈 토플러

"나는 잠잘 때가 아니라, 깨어 있을 때 꿈을 꾼다."
– 안토니오 가우디

발레의 선택과 집중

　발레의 기원은 무용과 그 궤를 같이합니다. 무용은 자연재해로부터 생명을 지키거나 액을 막는 원시 종교 의식에서 비롯되었습니다. 고대 그리스의 디오니소스 축제에서도 이와 같은 종교 의식이 있었습니다. 그러나 16세기 르네상스 시대에 접어들며 무용은 차츰 종교로부터 자유로워졌고, 엔터테인먼트 기능이 강조되기 시작했습니다.

　무용이 예술의 한 분야로서 관람의 대상이 된 것은 16세기경, 피렌체 출신의 프랑스 왕비 카트린드 메디시스가 이탈리아의 궁중 무용을 들여온 데서 비롯했는데 이것이 곧 발레입니다. 발레라는 용어도 '춤을 추다'라는 의미의 이탈리아어 '발라레(ballare)'에서 나온 것입니다. 발레는 프랑스어 및 사냥 관련 용어가 다수인데 이는 최초의 발레 학교를 루이 14세가 만들었으며 남성들이 발레의 안무를 만들었기 때문입니다.

발레 용어

- **발레리나(ballerina):** 발레단의 주역 여자 무용수
- **포인트 슈즈(Point Shoes):** 여성 무용수들이 신는 특수한 신발, '토슈즈(Toe Shoes)'라고도 불림
- **꼬르 드 발레(Corps de Ballet):** 여러 명의 무용수들이 조화를 이루어 추는 군무
- **빠 닥시옹(pas d'action):** 줄거리를 잘 전달하기 위해 춤 사이에 삽입되는 판토마임
- **빠 드 샤(pas de chat):** 사뿐사뿐 움직이는 고양이의 움직임을 형상화한 동작
- **푸에테(Fouett´e):** 한 발로 다른 다리를 차는 듯한 느낌이 들게 빠르게 움직이면서 도는 동작
- **아라베스크(arabesque):** 팔과 다리가 대칭이 되도록 멀리 뻗는 동작(이슬람 사원에서 볼 수 있는 아라비아풍의 무늬)

어찌 보면 발레는 하늘을 날고자 하는 춤입니다. 마치 중력을 부정하듯 발끝으로 서며 하늘을 향해 날아오르는 동작이 많습니다. 자연과의 교감을 시도하는 고대 종교 의식처럼 말이죠.

발레 동작 중 푸에테(Fouett´e)라는 것이 있습니다. 한 발로 여러 바퀴를 빙글빙글 도는 동작인데 마치 팽이가 도는 모습과 흡사합니다. 푸에테는 한 바퀴씩 나눠서 도는 '싱글 턴'과 두 바퀴씩 나눠 도는 '더블 턴'이 있으며 발레리나의 경우 보통 32바퀴를 돕니다(〈돈키호테〉 공연 시 발레리나 질리언 머피는 48회전 수행). 차이코프스키의 발레극 〈백조의 호수〉를 보면 거의 마지막 부분에 32회전 푸에테 동작이 나옵니다. 보는 것만으로도 어질어질 현기증이 나는데 당시 발레리나가 어떻게 넘어지지 않고 균형을 잡을 수 있는지 참 궁금했습니다. 나중에야 그것이 끊임

푸에테(Fouett′e) 동작

없는 훈련과 더불어 특별한 비법이 있다는 것을 알게 되었습니다.

　바로, 허공의 가상점 또는 특정 관중을 찍어 놓고 그곳만을 응시하며 시선을 고정하는 것입니다. 그리고 돌 때마다 최대한 머리를 빨리 돌려서 초점을 유지하는 것입니다. 이것을 '스포팅(Spotting)'이라고 합니다.

　전략의 기본 속성도 그렇습니다. 흔히 전략을 선택과 집중이라고 합니다. 전략의 대가 마이클 포터는 '전략을 세운다는 것은 무엇을 포기할 것인지 묻는 과정'이라고 했습니다. 즉, 선택한다는 것은 나머지 선택되지 않은 것을 과감히 버리는 결정입니다. 결정이라는 영어 단어의 'decision'은 라틴어 cis, cid로부터 나온 것이며 이는 '자르다',

'죽이다'라는 어원을 가지고 있습니다. 즉 선택이란 것은 나머지를 얼마나 과감히 포기할 수 있느냐의 문제입니다.

그런데 기업의 현실에서는 이러한 선택과 집중이 대단히 어렵고 제대로 작동하지 못하는 경우가 많습니다. 이는 조직의 이해관계 및 정치적 문제, 대리인 비용 문제, 유휴 자원 관리의 문제, 투자 없는 막연한 성장의 기대 문제에 부딪히기 때문입니다.

〈백종원의 골목 식당〉이란 TV 프로그램이 있는데, 식당을 운영하시는 분들이 백종원 대표로부터 주로 지적받는 것이 있습니다. 바로 메뉴의 가짓수입니다. 많은 식당 주인들이 수십 개의 메뉴를 걸어 놓고 백화점식 판매를 합니다. 손님들의 요구 사항을 맞추다 보면 메뉴는 오히려 더 늘어납니다. 하지만 적은 인력으로 그 많은 요리를 하기도 힘들고 관리도 힘듭니다. 그러다 보면 가장 잘 만들 수 있는 요리도 없게 되고 단골 손님도 없어 이익을 내기 어렵습니다. 메뉴의 선택과 집중에 실패한 것입니다.

옛말에 열 손가락 깨물어 안 아픈 손가락이 없다고 했습니다. 하지만 사랑스런 자녀들을 제외한다면 열 손가락 깨물어 안 아픈 손가락도 있어야 합니다. 그래야 버릴 수 있기 때문입니다. 더하는 것에 익숙한 인간이지만 앞서 미켈란젤로의 조각에서도 알 수 있듯이 빼는 것이 바로 전략입니다. 인생을 살아가며 우리가 버려야 할 것은 무엇일까요? 없는 것이 있는 것입니다.

Part 05.

/

예술과 기업의 트랜스포메이션은 통한다

루이 14세의 패션 예술과 디지털 트랜스포메이션

예술과
트랜스포메이션

예술과 기업의
트랜스포메이션은 통한다

예나 지금이나 경영의 화두 중 하나는 트랜스포메이션(Transformation) 입니다. 특히, 4차 산업혁명 시대를 맞이하여 디지털 트랜스포메이 션은 화제의 중심입니다. 트랜스포메이션은 우리말로 변신, 전환, 탈바꿈 정도로 표현할 수 있는데 미묘한 뉘앙스의 차이로 인해 우리 밀 대체가 자연스럽지 않습니다. 다만 분명한 것은 카프카의 대표작 『변신』에서처럼 샐러리맨 '그레고리 잠자'가 아침에 눈을 떠 보니 갑자 기 벌레로 변해 있다거나 그리스 신화의 여러 신들이 위기를 모면하 기 위해 식물이나 동물로 변신하는 수동적이고 외형적인 것을 의미하 지 않는다는 겁니다.

그리스 신화 속 신들의 변신은 크게 3가지 유형으로 구분할 수 있 는데, 첫째는 주인공이 위험을 회피하기 위한 수단이며, 둘째는 안타 까운 죽음에 대한 보상이며, 셋째는 죄에 대한 벌입니다. 물론, 제우스는 자발적 동기에 의해 변신이 가능한데 이는 모든 신들 중 유일한 것이며 어쩌면 그러한 능력 때문에 제우스가 신들의 왕이 되었는지 모릅니다. 제우스처럼 자발적 변신이 가능해야 기업의 디지털 트랜스포메이션도 성공할 수 있습니다.

그럼, 예술계에서 어떤 트랜스포메이션이 있었는지 살펴보겠습니다. 베토벤은 쉴러의 시 「환희의 송가」를 통해 9번 교향곡(합창)을 완성했습니다. 그리고 구스타프 클림트는 베토벤 9번 교향곡을 그림으로 트랜스포메이션했습니다. 일명 〈베토벤 프리즈〉라는 작품인데 귀로 들은 것을 눈으로 표현한 것입니다. 시가 음악이 되었고 음악이 다시 미술이 된 것입니다.

뉴욕에 사는 닐 하비슨은 모든 색이 흑백으로 보이는 전색맹의 장애를 가지고 있습니다. 생활 속 불편은 차치하더라도 화가의 꿈을 가

구스타프 클림트의 〈베토벤 프리즈〉

진 그에게 전색맹은 치명적인 장애입니다. 하지만 지금은 놀랍게도 360여 개의 색감을 인지할 수 있게 되었습니다. 그의 뇌 속에 전자 눈을 이식한 후 센서를 통해 색을 소리로 듣는 방식입니다. 그는 색을 소리로 들을 수 있게 되자, 음악을 색으로 표현하는 색채 예술 활동을 하고 있습니다. 비록 장애로 인해 과학 기술의 힘을 빌렸지만 이는 시각을 청각으로 트랜스포메이션한 사례입니다.

　기업도 다양한 형태의 트랜스포메이션을 추진합니다. 앞서 후지 필름처럼 핵심역량의 전이를 통해 업종을 전환하기도 하며, 최종 고객에 대한 재정의를 통해 B2C 형태의 사업은 B2B 형태의 사업으로, B2B 형태의 사업은 B2C 형태의 사업으로 전환합니다. 예를 들어, LGU+는 두산 인프라코어와 함께 5G 기술을 활용하여 독일에서

뇌 속에 센서를 이식한 닐 하비슨

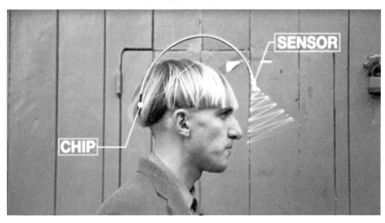

8,500㎞나 떨어진 한국의 굴삭기를 원격으로 조종하는 데 성공했습니다.

그리고 SKT는 VR 기술을 활용하여 육군사관학교의 스마트 훈련장을 구축하고 있습니다. B2C 사업이 주축인 이동통신사들이 통신망을 활용하여 B2B 사업으로 적극 트랜스포메이션하고 있습니다. 과거, 인텔의 '인텔 인사이드(intel inside)'는 B2B 기업이 B2C 사고로 트랜스포메이션하여 마케팅 캠페인을 벌인 대표적 사례입니다.

인텔 인사이드(intel inside) 캠페인

영화 〈뷰티 인사이드〉의 모티브이기도 합니다. 마케팅 캠페인의 내용은 대략 이렇습니다. 인텔은 페이스북 오디션을 통해 선발된 일반인(영상 다이어리를 제작하여 페이스북에 업로드한 일반인들 중 '좋아요'를 많이 얻은 100명)을 주인공(Alex)으로 만들어 소셜 필름을 제작해 주었습니다. 이 캠페인은 2012년도에 칸 국제광고제와 클리오 국제광고제에서 각각 그랑프리와 금상을 수상했습니다. 그럼, 마케팅 캠페인이 전달하고자 했던 메시지는 무엇일까요? 영화처럼 매일 자고 일어나면 얼굴이 바뀌는 Alex(세상의 모든 종류의 PC)를 통해 겉으로는 보이지 않는(컴퓨터 내부에 장착된) 인텔 칩(Alex의 진정성)의 우수성을 자연스럽게 알리려 했던 것입니다.

우리가 현재 사용하고 있는 또는 예전에 사용했던 컴퓨터에는 대부분 인텔의 스티커가 붙어 있습니다. 그리고 컴퓨터를 부팅할 때마다 인텔의 멜로디를 들었던 기억이 있을 겁니다. 이처럼 인텔은 '인텔 인사이드'라는 슬로건과 캠페인을 지속적이고 일관되게 밀었습니다. 비록 그들은 부품을 만들지만 컴퓨터 안에는 반드시 인텔의 부품이 있어야 좋은 제품이라는 인식을 컴퓨터를 사용하는 최종 소비자들에게 각인시키고자 했던 것입니다.

광고전문기관인 BBDO(2003년)의 조사에 따르면, 뷰티 인사이드 캠페인 동안, 전 세계 2,700여 개의 PC제조업체(전체 PC시장의 약 90%)가 인텔 인사이드 로고를 사용했으며 인텔의 매출은 6배, 순익은 2배나 증가되었다고 합니다. 또한 B2B 기업임에도 불구하고 최종 소비자 인지도는 무려 90%에 달했습니다.

전통적인 제조업인 넥센 타이어의 경우, 서비스업에 도전하고 있는데 주로 자동차 제조사 또는 도매시장으로 납품하는 타이어를 마치 정수기나 비데 같은 렌탈 서비스를 통해 개인 고객에게 직접 판매하고 커뮤니케이션하고 있습니다. 그럼, 넥센 타이어의 입장에서는 무엇이 좋아질까요? 고객의 통점(Pain-points)을 더 잘 알 수 있고, 숨겨진 고객 니즈를 찾아 새로운 사업 기회도 만들 수 있습니다. 또 제품만 만들고 끝나는 일회성에서 탈피하여 서비스화(Serduct: Service + Product)를 통한 지속적인 고객 관계(Customer Relationship)를 구축할 수 있습니다.

미국의 네스트(Nest)는 각 가정에 원격 온도 조절기를 무료로 설치해 주고 이를 통해 가정에서 절약된 에너지 비용만큼 전력회사로부터 돈을 받는 사업 모델을 통해 큰 성공을 거둔 바 있습니다. 현재 구글이 그 가치를 인정하여 네스트를 인수하였고 이를 통해 스마트 에너지 플랫폼 사업을 강화하고 있습니다.

물리학에 뉴턴의 제1 운동 법칙(관성 법칙)이 있습니다. 모든 물체는 외부로부터 힘이 작용하지 않는 한, 정지해 있던 물체는 계속 정지 상태로 있고 움직이던 물체는 일직선 위를 일정한 속도로 계속 운동

한다는 것입니다. 바꾸어 말하면, 관성의 법칙은 외부로부터 힘이 작용한지 않는다는 전제하에 성립되는 것인데 우리 인생은 의도하지 않은 외부의 힘에 항상 노출되어 있습니다.

'변하지 않는 것은 없다는 것을 제외하고 모든 것은 변한다'는 말처럼 우리는 원하든 원하지 않든 늘 변화를 겪고 있습니다. 따라서 우리는 통제할 수 없는 외부의 힘에 스스로를 맡기기보다 자발적이고 능동적인 트랜스포메이션이 필요합니다. 관성의 법칙을 벗어난 자발적 트랜스포메이션일 때 비로소 주도적인 삶이 가능해집니다.

루이 14세의 패션 예술과
디지털 트랜스포메이션

패션은 특정한 시기에 유행하는 복식이나 두발의 일정한 형식입니다. 최초의 패셔니스타는 누구일까요? 프랑스의 루이 14세라 해도 과언이 아닙니다. 그의 패션에 대한 관심과 명성은 '루이 까또즈(프랑스어로 루이 14세)' 브랜드 탄생의 배경이 되기도 했습니다.

우리가 흔히 쓰는 '시즌'이란 용어도 루이 14세 때 패션의 유행을 구분하기 위해 처음 사용되었습니다. 오늘날 시즌은 패션뿐 아니라 TV 드라마나 오락 프로그램에서도 시즌제를 도입하며 많이 사용하고 있습니다.

루이 14세는 하이힐 마니아로도 잘 알려져 있습니다. 이로 인해 제화공이란 직업이 생겼고, 루이 14세의 안목을 사로잡았던 레스타주라는 제화공은 귀족 신분이 되었습니다.

크라바트

루이 14세

    또한, 그는 목에 희고 긴 레이스 모양의 천을 두르고 다녔는데 이 것은 크로아티아 기병대가 목에 붉은 천을 두르고 다닌 '크라바트(크로아티아 기병대)'에서 유래되었으며 루이 14세가 이를 자신의 패션 아이템으로 사용함과 동시에 왕실 공식 행사 참석자들의 필수 드레스 코드로 지정하였습니다. 여성과 유명 디자이너들이 목에 감고 다니는 스카프, 남성의 넥타이도 크라바트에서 비롯된 것입니다. 한편, 시즌을 대표하는 스타일 룩과 '오뜨 쿠튀르(고급 양장점)'의 개념이 생겼으며, 디자이너, 헤어 드레서, 스타일리스트도 루이 14세 때 생긴 직업입니다.

루이 14세는 왜 베르사유 궁전을 만들었을까?

루이 14세 집권 시, 재무장관이었던 니콜라 푸케는 자신이 거주할 목적으로 막대한 자금과 대규모 인력을 투입해 초호화 성을 짓게 했습니다. 그 성의 이름은 '보르비콩트성'입니다. 성이 완공되고 얼마 후 니콜라 푸케는 루이 14세를 초대하여 화려한 연회를 열었습니다. 그런데 루이 14세는 성의 화려함에 질투심을 느꼈고 게다가 푸케가의 문양 아래 '못 올라갈 곳이 없다'라는 글귀에 몹시 불편했습니다. 연회가 채 끝나기 전 새벽에 왕궁으로 돌아온 루이 14세는 얼마 지나지 않아 왕실의 돈을 횡령했다는 죄를 물어 푸케에게 종신형을 선고했고, 그의 모든 재산을 몰수하였습니다. 그리고 보르비콩트성에 자극을 받아 이보다 몇 배나 더 크고 화려한 성을 지었으니 그 성이 바로 베르사유 궁전입니다. 만일 푸케가 과유불급 즉, 지나침은 모자람만 못하다는 속담을 알고 따랐다면 이런 비극은 겪지 않았을 것입니다. 루이 14세 또한 사치로 인해 프랑스 시민들의 분노를 샀으니 어쩌면 보르비콩트성에 대한 질투심이 훗날 프랑스 대혁명 발발로 이어지는 나비 효과는 아니었을까요?

이처럼 가히 패션 왕이라 할 수 있는 루이 14세로 인해 현대인들이 하이힐, 넥타이, 레깅스 등 여러 패션 아이템을 즐기고 있으니 요즘 말로 뉴트로(Newtro: 'New'와 'Retro'를 합친 신조어로 과거의 것을 새롭게 즐기는 경향) 라고 해도 무방할 것 같습니다.

경영 트랜드도 과거의 것을 소환하여 새롭게 적용하는 경우가 많습니다. 예를 들어, 최근 기업들의 디지털 트랜스포메이션(Digital Transformation)도 같은 맥락입니다. Adidas의 Smart Factory, Burberry 의 Fully Digital Burberry, Starbucks의 Siren Order, GE의 Brilliant

Machines 프로그램 등 수많은 글로벌 기업들이 디지털 트랜스포메이션을 추진하고 있습니다. 그런데 디지털 트랜스포메이션은 언제부터 기업의 화두가 되었을까요?

정확히 이론적 근거를 발견할 수는 없으나 대략 2011년경으로 거슬러 올라갑니다. IBM은 디지털 트랜스포메이션을 '기업이 디지털과 물리적인 요소들을 통합하여 비즈니스 모델을 변화시키고, 산업에 새로운 방향을 정립하는 전략'이라고 정의한 바 있습니다. 우리가 생각했던 것보다 꽤 오래전부터 디지털 트랜스포메이션은 몇몇 IT 기업들을 중심으로 회자되었습니다.

그렇다면 우리는 왜 그것이 마치 최근의 화두인 것처럼 착시 현상을 갖는 걸까요? 그것은 아마도 딥 러닝, 빅 데이터 분석, IoT, 클라우드, 스마트 팩토리, 블록 체인 등 4차 산업 혁명의 기술이 디지털 트랜스포메이션의 구현을 더 용이하게 해 줄 수 있다는 믿음 때문일 것입니다.

공교롭게도 20여 년 전 이와 유사한 메가 트랜드가 있었습니다. 바로 'e-Biz Transformation'입니다. 당시는 닷컴 기업의 열기가 한창일 때라 전통적인 굴뚝 기업들은 닷컴 기업으로 변화하지 않으면 곧 망할 것처럼 여기던 시절이었습니다. 그래서 기존 사업을 인터넷화하는 일련의 활동, 즉 ERP/CRM/SCM 등 기업의 거의 모든 가치 사슬(value chain)을 인터넷 기반으로 트랜스포메이션하고자 했습니다.

어찌 보면 지금의 디지털 트랜스포메이션의 물결과 크게 다르지 않습니다. 다만 그것을 구현하는 원동력과 툴이 다를 뿐입니다. 물론 기업들이 디지털 트랜스포메이션을 해야 한다는 명제와 이유는 명확합니다. 생존입니다. 단지 한때의 패션으로 시작한 맹목적인 추종은 막대한 투자 대비 효과가 없는 우를 범하기 쉽습니다.

필자는 2000년대 e-Biz Transformation 물결의 중심에 서서 약 수년간 다양한 기업의 e-Biz Transformation 프로젝트를 수행한 바 있습니다. 특히, 금융 업종의 사례는 시사하는 바가 큽니다.

당시 전통적인 기존 산업들은 앞다투어 기존 서비스를 인터넷으로 전환하기 시작했고 은행도 예외는 아니었습니다. 당시 A 은행은 인터넷 뱅킹 가입자를 늘리는 프로모션을 위해 은행 창구를 통해 가입 신청을 받았습니다. 방문 고객을 대상으로 창구 직원이 신청서를 건네주고 그 자리에서 바로 접수하는 방식이었습니다. 결론부터 말하면, 인터넷 뱅킹 가입자 수는 별로 늘지 않았습니다. 왜 그랬을까요?

A 은행은 e-Biz Transformation이란 대의명분 아래 이것의 궁극적 고객 가치와 구성원들의 동기 부여에 관심을 갖지 않았습니다. 목표 달성을 위해 가장 쉽지만 가장 효과가 없는 방식으로 접근하고 말았기 때문입니다. 창구 직원들은 가뜩이나 바쁜 업무 중 동기부여도 없는 추가 업무를 맡았을 뿐이고, 이를 고객에게 전달하기 급급한 나머지 고객 입장의 가치를 제대로 설명할 수 없었습니다. 사실, 가입 신청서에는 고객이 인터넷 뱅킹에 왜 가입해야 하는지에 대한 이유도 없었습니다. 게다가 창구 직원들의 경우 인터넷 뱅킹

서비스가 확대되면 일자리를 잃을 수 있다는 두려움까지 생겼으니 말입니다.

지금의 디지털 트랜스포메이션도 마찬가지입니다. A 은행의 사례에서 알 수 있듯이, '글로벌 선진 기업이 하니까', '경쟁사가 하니까'라는 관성적인 마인드로 디지털 트랜스포메이션을 추진하면 결코 좋은 성과를 얻을 수 없습니다. 그럼 어떻게 해야 좋은 성과를 낼 수 있을까요? 기업이 디지털 트랜스포메이션을 추진할 때 반드시 고려해야 할 두 가지가 있습니다.

첫째, 고객 가치를 명확히 정의한 디지털 트랜스포메이션이어야 합니다. 디지털 트랜스포메이션을 통해 고객이 궁극적으로 얻을 수 있는 고객 가치가 무엇인지, 그러한 고객 가치는 고객 경험(Customer Experience)을 얼마나 잘 반영한 것인가에 대한 고민이 필요합니다.

둘째, 디지털 트랜스포메이션에 대한 구성원들의 공감대 형성과 그들을 위한 적절한 동기부여(단순히 물질적인 보상만을 의미하는 것이 아닌, 과제 목표에 대한 충분한 공감과 과제를 수행할 수 있는 환경 제공을 의미)가 병행되어야 합니다. 구성원들의 공감대가 결여된 디지털 트랜스포메이션 전략과 실행 과제들은 수동적이고 형식적으로 진행될 수밖에 없습니다. 또한 적절한 동기부여가 없다면 해묵은 숙제처럼 매년 반복되는 되돌이표 과제가 되기 쉽습니다.

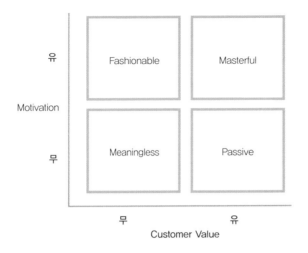

The Matrix of Digital Transformation Level

이제, 디지털 트랜스포메이션을 다른 관점에서 생각해 봐야 합니다.

DT(Digital Transformation)를 DT(Different Thinking) 해야 합니다. 디지털 트랜스포메이션의 성공 여부는 어떤 업무와 기능을 디지털화하느냐가 아니라 고객 경험 기반의 고객 가치 제고와 구성원들에 대한 동기 부여에 달려 있기 때문입니다.

과거의 행동양식 중 지금 다시 가져와 새롭게 적용해 볼 만한 뉴트로에는 무엇이 있을까요? 그것을 다른 관점으로 정의해 보는 것은 어떨까요?

예술의 마인드로
나를 포지셔닝하자!

　예술이란 무엇일까요? 실존주의 철학자 하이데거는 눈에 보이지 않는 것을 표출하는 것, 그것을 예술이라고 하였습니다. 다시 말해 인간은 물리적 대상이 아닌 그 너머에 있는 무언가를 느낄 때 감동을 받고 마음이 흔들린다는 것입니다. 우리가 빈센트 반 고흐의 작품을 위대하게 여기는 것은 겉으로 보이는 그림을 넘어 그의 고달프지만 아름다운 영혼을 느낄 수 있기 때문입니다. 그렇다고 예술이 그렇게 거창한 것만은 아닙니다. 어쩌면 우리가 하고 있는 활동 하나하나가 예술이 될 수 있습니다. 오히려 일상에서 예술이 아닌 것이 없을지도 모릅니다.

　최근 바나나를 벽에 테이프로 붙인 작품이 엄청난 화제가 된 적이 있습니다. 〈코미디언〉이라는 제목의 이것은 미국의 한 갤러리에 전시된 마우리치오 카텔란의 작품입니다. 벽에 걸린 바나나를 예술로 정의했는데 그중 한 개가 1억 4천만 원에 팔렸습니다. 그런데 더 화제가 된 것은 어떤 사람이 배가 고프다며 전시관에 걸려 있던 바나나를 그 자리에서 먹어 버린 것입니다. 그렇다면 이 사람은 1억 4천만 원에 달하는 예술 작품을 먹은 것일까요? 아니면 그냥 바나나를 먹은 것일까요? 갤러리 관장은 이 작품의 가치는 어떤 바나나이냐가 중요한 것이 아니라 작품의 아이디어에 있다며 즉시 다른 바나나로 교체하였습니다. 갤러리 입장에서는 어차피 썩어 없어질 바나나인데 누군가 먹어 주길 바랐을지도 모릅니다. 이후 인터넷에는 햄버거, 콜라, 립스틱 등을 동일한 방식으로 벽에 붙인 수많은 패러디물이 넘쳐 났습니다.

1991년, 뉴욕 현대 미술관에 사탕더미(작품명: Untitled)가 전시된 적이 있습니다. 펠릭스 곤잘레스 토레스(Felix Gonzales Torres)의 작품으로, 그는 병으로 죽은 연인을 기리기 위해 연인의 몸무게인 79.3kg만큼 사탕 더미를 쌓았습니다. 79.3kg은 그의 연인이 병들기 전 건강한 몸무게였기 때문입니다. 물론 관람객들이 사탕을 가져가거나 먹게 두었으며 사탕이 줄어들면 다시 동일한 무게의 사탕으로 채워 놓았습니다. 그는 작품의 변형이야말로 관람객과의 소통을 의미하는 것이며 사라지는 사탕을 통해 연인에 대한 사랑을 멀리 퍼지게 만드는 것이라고 여겼습니다.

심지어 피에로 만초니(Piero Manzoni)라는 예술가는 1961년 자신의 배설물을 90개의 통조림으로 만들어 〈예술가의 똥(Artist's Shit)〉이란 작품으로 팔았는데 2016년 밀라노 미술 경매 시장에서 무려 4억 원에 팔

마우리치오 카텔란의 〈코미디언〉

펠릭스 곤잘레스 토레스의 〈Untitled〉

렸습니다. 대개 이런 예술 사조를 개념 미술로 정의하는데, 이는 1950년을 전후로 작품의 예술성에 대한 이해 없이 그저 부의 축적 수 단으로 여기는 부자들을 조롱하기 위해 생겨난 것입니다(1917년, 마르셀 뒤샹이 변기를 〈샘〉이라는 제목으로 전시하며 개념 미술사에 큰 영향을 미침).

미술 사학자인 에른스트 곰브리치(E.H Gobbrich)는 저서 『The Story of Art』를 통해 "미술이 거창한 것이라는 생각을 버려라. 미술이란 것은 사실상 존재하지 않는다. 다만 미술가들이 있을 뿐이다."라면서 아울러, "관람자도 작품의 일부이다. 작품의 의미와 의도만큼 관람자의 역할이 중요하다."고 말했습니다. 즉 미술품 자체보다 작품을 창조하고 관람하는 사람에 초점을 맞춘 것입니다.

위의 작품들에서 알 수 있듯이 예술이란 결국 작가의 의도와 보는 사람의 해석으로 완성되는 것이며 일상 속 그 어떤 것도 예술의 대상이 될 수 있습니다. 그 너머의 보이지 않는 것을 전달할 수 있다면 말이죠. 글을 마무리하며 필자는 일상을 예술처럼 지낼 수 있는 몇 가지 방법을 제시합니다.

첫째, 우리의 일상으로부터 가장 멀리 달아나 보는 것입니다.

멀리 달아나기를 통해 위대한 예술가가 된 사람들이 있습니다. 법학자였던 칸딘스키는 추상 회화의 선구자가 되었으며, 〈매드맥스〉 시리즈로 유명한 영화 감독 조지 밀러는 원래 의사였습니다. 더욱이 파격적이고 트랜디한 액션 장면으로 공존의 히트를 친 〈매드맥스: 분노의 도로〉는 그가 70세에 만든 영화입니다. 또한 차이코프스키와 베토벤의 바이올린 협주곡을 최연소로 레코딩한 바이올리니스트 바네사 메이는 후에 전자 바이올리니스트로 크로스오버 음악의 지평을 열었고, 20대에 스키 선수가 되어 소치 올림픽에 출전하기도 했습니다.

그렇다고 무작정 멀리 달아나란 것은 아닙니다. 집에 오는 길 또는 늘 다니던 길이 아닌 낯선 길로 다녀 볼 수도 있으며 내 방과 사무실의 물건 위치를 낯설게 바꾸어 볼 수도 있습니다. 소소한 행동만으로도 얼마든지 멀리 달아날 수 있습니다. 때론 그동안 내가 지켜 왔던 선으로부터 잠시 이탈해 볼 때, 우리는 예술다운 삶과 가까워질 수 있습니다.

둘째, 모두가 옳다고 믿는 것(통념; Orthodoxy)을 뒤집어 보고 새로운 기회를 찾는 것입니다.

비록 주위의 따가운 시선을 받기도 하지만 현재의 꼬리가 아닌 미래의 머리를 택하는 것입니다. 무용계의 피카소라 불리는 매튜 본은 근육질의 남성 무용수에게 백조 역을 맡긴 파격을 보여 주었는데, 처음에는 혹평을 받았지만 시간이 흘러 위대한 시도로 평가받고 있습니다. 새로운 미술 사조도 통념과 주류 세력으로부터 온갖 비난과 조롱을 감수하며 등장한 것입니다.

예를 들어, 인상주의 화풍은 사진기의 발명으로 인해 그림의 순간적인 재현 능력이 더 이상 사진을 능가할 수 없게 되자 사진이 표현할 수 없는 빛의 미세한 변화를 캔버스에 담은 것입니다. 게다가 증기 기관차의 발명으로 화가들이 시공간의 제약으로부터 자유로워져 야외 풍경화를 많이 그린 것도 인상주의 화풍이 등장한 계기가 되었습니다. 즉, 인상주의는 한순간의 인상을 담기 위해 신속하게 붓질을 하고 구체적인 형상은 과감히 생략하면서 색조를 통해 자연의 변화 무쌍한 느낌을 전달하고자 했던 것입니다. 그래서 모네는 인상주의를 가리켜, 대상을 그린 것이 아니라 대상의 느낌을 그린 것이라고 말했습니다. 그러다 보니, 인상주의 작품을 처음 본 사람들은 '그것은 캔버스 위에 아무렇게나 그어진 뒤범벅된 붓놀림이며, 베들렘의 정신병자들이 길바닥에서 주운 돌을 다이아몬드라고 우기는 것처럼 웃기는 일이다.'라며 조롱했습니다.

스티브 잡스는 기존 휴대폰의 정의를 뒤집는 것으로부터 아이폰을 탄생시켰으며 'Warby Parker'는 경영 대가들의 실패 예측에도 불구하고 온라인 안경점을 성공시켰습니다. 그리고 영화 『죽은 시인의 사회』에서 키팅 선생님은 학생들을 향해 이렇게 외칩니다. "내가 책상 위에 서 있는 이유는 사물을 다른 각도로 보려는 거야. 어떤 사실을 이미 안다고 생각할 때, 그것을 다른 시각에서도 봐야 해. 비록 그것이 바보 같은 일일지라도."

우리는 그동안 무언가를 마주하며 그것을 얼마나 뒤집어 보았을까요? 뒤집어 본 그것을 얼마나 실행에 옮겼을까요? 혹시, 뒤집어 볼 기회는 많았는데 그것을 뒤집을 용기가 없었던 것은 아닐까요? 세상을 뒤집어 볼 때 우리는 예술다운 삶과 가까워질 수 있습니다.

셋째, 과정에 의미를 부여하는 것입니다.

영화 〈어벤져스 인피니티 워〉를 보면 타노스가 세상을 구한다는 명분으로 인류의 절반을 없애 버립니다. 그는 인류의 무분별한 자연 파괴, 지구 온난화(climate change), 식량 고갈, 핵 전쟁, 전염병 등의 위협으로부터 인류를 구한다는 아이러니한 명분을 내세웠습니다. 이를 철학에 대입해 보면 타노스의 입장은 벤담의 공리주의를 의미하며 타노스를 막으려는 어벤져스는 칸트의 의무론에 해당합니다. 한나 아렌트(Hannah Arendt)는 저서 『예루살렘의 아이히만』에서 '악의 평범성'을 통해 세상에 경종을 울렸습니다. 아이히만(유대인 학살을 집행한 나치 장교)은 전범 재판 과정에서 다음과 같이 말했습니다. "나와 동료들 중 유대인을 특별히 미워하는 사람은 많지 않았다. 나는 단지 명령받은 일을 성실히 수행했을 뿐이다." 이 사건은 훗날 심리학자 밀그램의 실험(Milgram Effect: 권위에 대한 무조건적인 복종)을 통해 다시 한 번 인간이 권위에 얼마나 취약한 존재인가를 알려 주었습니다.

다음 두 문장 중 어느 쪽이 가슴에 더 와 닿습니까?

'Do the things right.' vs 'Do the right things.'

'Do the things right'는 결과 지향적입니다. 만일 주어진 일이 나쁜 짓인데도 맹목적으로 그저 열심히, 잘만 해낸다면 잘못된 것입니다. 즉 원하는 결과가 나올 수 있도록 과정을 끼워 맞출 수 있다는 의미입니다. 앞서 언급한 타노스와 아이히만의 가치관이 여기에 해당합니다. 반면 'Do the right things'는 과정 지향적입니다. 해야 할 일이 무엇을 위한 것인지, 과연 그 이유가 정당한 것인지를 판단하고 올바른 절차와 방법으로 수행한다면 설령 좋지 않은 결과가 나오더라도 모두가 공감하고 후회하지 않을 것입니다. 이처럼 결과보다 과정에 더 큰 의미를 부여할 때, 우리는 예술다운 삶과 가까워질 수 있습니다.

끝으로 서문에 언급한 그림 책 『프레드릭』의 쥐들처럼 우리 모두가 예술가일 필요는 없습니다. 그저 그것을 이해하고 즐길 줄 아는 것만으로도 이 세상은 한결 더 따스하고 풍요로워지기 때문입니다.